上海外国语大学大中小学外语国家教材建设重点研究基地 | 主办
上海外国语大学外语教材研究院

外语教材研究

FOREIGN LANGUAGE TEACHING MATERIALS STUDIES

第四辑

上海外语教育出版社
SHANGHAI FOREIGN LANGUAGE EDUCATION PRESS

图书在版编目(CIP)数据

外语教材研究. 第四辑 / 查明建主编；谢宇副主编. -- 上海：上海外语教育出版社, 2024. -- ISBN 978-7-5446-8393-7

Ⅰ. H3-55

中国国家版本馆CIP数据核字第2024PC1149号

出版发行：**上海外语教育出版社**
（上海外国语大学内）邮编：200083
电　　话：021-65425300 (总机)
电子邮箱：bookinfo@sflep.com.cn
网　　址：http://www.sflep.com
责任编辑：蒋　璜

印　　刷：上海盛通时代印刷有限公司

开　　本：710×1000 1/16 印张 10.5 字数 149千字
版　　次：2024年12月第1版 2024年12月第1次印刷

书　　号：ISBN 978-7-5446-8393-7
定　　价：39.00元

本版图书如有印装质量问题，可向本社调换
质量服务热线：4008-213-263

外语教材研究

编　委：（按姓氏拼音顺序）

曹德明　常红梅　程晓堂
戴炜栋　董洪川　胡开宝
蒋洪新　刘建达　梅德明
宁　琦　束定芳　汤　青
王守仁　文秋芳　徐锦芬
袁筱一　曾用强　周异夫

主　　编： 查明建

副 主 编： 谢　宇

主办单位： 上海外国语大学大中小学外语国家教材建设重点研究基地
　　　　　　上海外国语大学外语教材研究院

地　　址： 上海市虹口区大连西路558号6楼

目 录

外语教材建设研究

大学英语课程中的中国文化融入与大学英语教材建设
束定芳　　1

数字商务英语教材编写：结构、设计与功能
周文萱　苏晨玥　　11

基于课标编写高职公共英语教材的基本原则——以《领航职业英语》为例
马俊波　　25

课程思政视角下日语精读教材中华文化融入与呈现研究
赵冬茜　李晨　　39

新课标视域下中学德语教材《快乐德语》中的文化呈现及教材使用策略研究
冯晓文　方舟　宋洋　　57

新形态教材研究专栏

外语教育数字化转型中的教材形态研究
陈坚林　　78

大学英语新形态教材设计架构与使用路径
杨港　张英　　90

思政引领、数智赋能、守正创新——新形态大学英语教材编写研究
陈彦婕　戴朝晖　　104

外语教材发展研究

基于可视化分析的国内ESP教材研究综述（2006-2023）
谈家明　王勃然　马睿希　　120

外语教材研究国际前沿与发展趋势（2013-2023）
杨顺娥　　136

学术会议通讯

首届全国大中小学外语教材建设与研究高端论坛综述　　154

CONTENTS

The Integration of Chinese Culture into College English Curriculum and the Development of College English Textbooks
SHU Dingfang ____1

A Basic Exploration of Digital Business English Teaching Materials: The Structure, Design and Function
ZHOU Wenxuan & SU Chenyue ____11

Principles of Developing English Teaching Materials for Vocational Colleges in light of Curriculum Standards: Exemplified by *Pioneer English for Vocational Colleges*
MA Junbo ____25

Research on the Integration and Presentation of Chinese Culture in Japanese Intensive Reading Textbooks from the Perspective of Curriculum Ideology and Politics
ZHAO Dongqian & LI Chen ____39

A Study of Cultural Presentation and Textbook Usage Strategies in the German Textbook *Prima Plus* from the Perspective of the New Curriculum Standards
FENG Xiaowen, FANG Zhou & SONG Yang ____57

A Study of Textbook Forms in the Digital Transformation of Foreign Language Education
CHEN Jianlin ____78

New-Form Materials for College English Teaching: Design Framework and Application Path
YANG Gang & ZHANG Ying ____90

Research on the Compilation of New-Form College English Textbooks
CHEN Yanjie & DAI Zhaohui ____104

A Review of China's ESP Textbook Research Based on Visualized Analysis (2006–2023)
TAN Jiaming, WANG Boran & MA Ruixi ____120

International Fronts and Trends in Research on Foreign Language Teaching Materials (2013–2023)
YANG Shun-e ____136

Academic Conference Updates ____154

| 外语教材建设研究

大学英语课程中的中国文化融入与大学英语教材建设*

束定芳

（上海外国语大学，上海 200083）

提　要：本文基于国家相关政策和文件，阐述了大学英语课程中融入中国文化的必要性，进而以具体的外语教材和课程为案例，探讨了大学英语课程融入中国文化的可行性。最后，针对当前中国文化进教材存在的问题，对教材编写与使用提出了具体的建议：1）加强教师专业发展，提升教师的跨文化意识和文化批评能力；2）教材编写应结合专业及学校办学特色，提升内容的针对性与实践性；3）加强文化对比，突出文化呈现的多样性和多元化；4）利用大数据与多模态技术，创新教材中文化内容的呈现方式。文章旨在为大学英语课程设计、教材编写和评估提供参考，为课堂教学实践和评价提供参考。

关键词：大学英语课程；中国文化；教材编写；新形态教材；教材评估

Abstract: Based on national policies and official guidelines, this paper elaborates on the necessity of integrating Chinese culture into university English courses. By taking specific foreign language textbooks and courses as examples, it further explores the feasibility of introducing Chinese culture into university English curricula. Finally, it addresses the current challenges in integrating Chinese culture into foreign language textbooks and proposes some specific recommendations for textbook compilation and

---

* 本文为2024年10月19日上海外国语大学大中小学外语国家教材建设重点研究基地举办的"中华优秀文化传承与大学英语教材建设专题研讨会"上的发言修改稿。上海外国语大学博士研究生毕晨光为本文的写作提供了帮助，特此致谢。

作者简介：束定芳，博士，上海外国语大学教授，博士生导师，上海外国语大学大中小学外语国家教材建设重点研究基地首席专家，研究方向：认知语言学、外语教学。

use: 1) strengthening teachers' professional development to improve the effectiveness of textbook use; 2) aligning with professional and institutional characteristics to enhance content relevance and practicality; 3) adopting cultural contrast approaches to emphasize diversity and multiplicity in cultural presentations; 4) leveraging big data and multi-modal technologies to innovate the presentation of cultural content in textbooks. The paper aims to provide references for university English course design, textbook compilation and evaluation, as well as classroom teaching practices and assessments.

Key words: university English courses; Chinese culture; textbook development; new forms of textbooks; textbook evaluation

1. 引　言

中国文化走向世界已成为不可逆转的趋势。党的二十届三中全会强调着力提升国家文化软实力和中华文化影响力，加快构建中国话语和中国叙事体系，全面提升国际传播效能。在此背景下，高等教育在文化传承与创新中的重要作用愈发凸显。大学英语课程作为培养国际化人才的基础课程，被赋予了新的文化使命。2019年印发的《普通高等学校教材管理办法》强调教材建设须体现中国和中华民族风格与基本价值观。2020年发布的《大学英语课程指南（2020版）》（以下简称《指南》）指出，大学英语课程应致力于培养学生对中国文化的理解与阐释能力，服务中国文化对外交流和传播。为此，大学英语教材应在原有基础上进一步融入中国文化内容，提供适切的语言与文化资源，助力学生用英语阐释和传播中国文化，使其成长为适应全球治理需求的国际化人才。

学界关于外语教学中文化融入的研究经历了从强调目标语文化（束定芳 1988；1996）到聚焦跨文化交际能力（张红玲 2007；孙有中 2016），再到探索全球化与本土文化的关系（吕丽盼，俞理明 2021），反映了外语教学对文化融入理解的不断深化。尽管大学英语课程指南和相关文件已明确提出融入中国文化的要求，但现有教材在内容选择、融入深度及实现方式上存在较大差异，不同学者对其解读亦存在分歧。

鉴于此，本文主要阐述大学英语课程中引入中国文化内容的必要性、大学英语课程融合中国文化内容的可行性、中国文化进大学英语教材存在的问题与相关建议，旨在为课程设计、教材编写和评估提供参考，为课堂教学实践和评价提供支持。

2. 大学英语课程中融入中国文化的必要性

2.1 国家文化、教育发展战略的要求

教育部于2014年发布的《完善中华优秀传统文化教育指导纲要》指出，大学阶段应以提高学生对中华优秀传统文化的自主学习和探究能力为重点，培养学生的文化创新意识，增强学生传承弘扬中华优秀传统文化的责任感和使命感。2017年，中共中央办公厅、国务院办公厅印发《关于实施中华优秀传统文化传承发展工程的意见》，强调将中华优秀传统文化融入教育各环节、贯穿于教育各领域，强调以课程教材为重点构建"中华文化课程和教材体系"。教育部于2020年印发的《高等学校课程思政建设指导纲要》提出，落实立德树人根本任务，必须将价值塑造、知识传授和能力培养三者融为一体、不可割裂，要把思想政治教育贯穿人才培养体系，全面推进高校课程思政建设，提高高校人才培养质量。

这些国家政策和课程指导意见的出台充分体现了党和国家对中华优秀传统文化传承与弘扬的高度重视与战略部署，也为大学英语课程融入中国文化明确了行动方向，提出了具体要求。因此，大学英语课程应紧紧围绕立德树人根本任务，响应国家"讲好中国故事"的现实需求，以中国文化优良传统和社会主义核心价值观为依托，丰富外语课程中的"中国内容"，构建以价值塑造为核心的教学体系，培养具有家国情怀、全球视野、创新精神和实践能力的复合型国际化人才。

2.2 大学英语课程定位和性质的内在要求

近年来，我国高等教育深入贯彻"立德树人"根本任务，强调专业教学和课程建设不仅要注重知识的传授与能力的提升，更要培养学生的高尚品格和道德情操。《指南》明确指出，大学英语课程作为本科教育阶段非英语专业学生的核心通识课程，兼具工具性与人文性。其人文性

主要体现在两个方面：一是开展跨文化教育，通过语言学习促进学生对中外文化异同的理解与认知，提升跨文化交际能力；二是培养学生对中国文化的理解和阐释能力，服务中国文化对外传播。

《指南》还进一步提出，大学英语教材编写应自觉融入社会主义核心价值观和中华优秀传统文化，体现国家对人才培养的根本需求，引导学生树立正确的世界观、人生观和价值观。因此，将中国文化融入课程和教材，既是推动大学外语课程改革的重要任务，也是贯彻国家战略意志、发挥教材"培根铸魂""启智增慧"作用的具体举措。

大学英语课程的工具性与人文性相统一，也是实现课程思政目标的重要基础。教育部高等学校大学外语教学指导委员会制定的《大学外语课程思政教学指南》强调，大学英语课程应充分发挥语言课程的文化涵养与育人功能，以外语为媒介，在教学内容的组织中加强中华优秀传统文化教育，深入挖掘其蕴含的思想观念、人文精神和道德规范，引导学生坚守中华文化立场、坚定文化自信，教育学生在尊重世界文化多样性的基础上用外语"讲好中国故事"，传播中国文化和中国声音，让世界读懂中国。这些要求赋予大学英语课程更为丰富的文化内容，要求其在课程建设与教材编写中注入更深的人文内涵。

2.3 外语学习的主要目标之一

外语学习的目标涵盖多个层面。江泽民（2011）在《领导干部一定要努力学习外语》中对此进行了精辟阐述。第一，外语学习能够帮助我们理解和尊重世界文化的多样性。世界文明丰富多彩，各国人民创造的文明成果是人类的共同财富。通过外语学习，我们能够吸收全球文明的优秀成果，特别是借鉴他国先进经验，为我国现代化建设以及拔尖创新人才培养提供强有力的支持与保障。历史上，我国多次掀起外语学习热潮，尤其是在改革开放时期，外语学习主要服务于掌握世界最先进的科学技术。第二，外语学习是传播中华文明和民族精神的重要桥梁。中华民族拥有五千多年的灿烂文明和独特的民族精神，这种文化自信不仅是中华民族生生不息的动力，也是推动中国与世界深度交流的基石。通过外语学习，我们能够以更广阔的视野向世界介绍中华文明和民族精神，为推动文化交流提供坚实基础。第三，外语学习有助于向世界介绍中国的基本国情和发展经验。中国现代化建设成就举世瞩目，但国际社会对中国的了解仍存在偏差甚至误解。通过外语学习，我们能够更有效地讲述中国的发展道路、目标和现状，增进国际社会对中国的理解，从而为我国发展营造更加有利的国际环境。

外语学习的三大目标——吸收全球文明成果、传播中华文化、阐释中国国情——深刻揭示了语言与文化之间不可分割的内在联系。作为跨文化交际能力培养的重要载体，大学英语课程应有机融入中国文化的内容，着力培养学生对中国文化的深刻理解和准确表达，这不仅有助于全面实现外语学习目标，还能够增强学生的文化自信与国际传播能力，服务国家战略需求、推动国际理解与合作。

3. 大学英语课程融入中国文化的可行性

3.1 研发中国文化主题教材，开设相应选修课

在中国文化融入大学英语课程的实践中，教材研发已取得重要进展。例如，笔者担任总主编的"新目标大学英语系列教材"中有一本专门介绍中国文化主题的教材——《中国文化英语教程》（Readings in Chinese Culture）（2016年初版，2024年修订版，上海外语教育出版社出版）。该教材围绕神话传说、饮食文化、中医药学、儒道思想等十六个中国文化核心主题，精选权威英文阅读材料，帮助学生在学习英语的同时深化对中国文化的认知，提升文化认同与跨文化交际能力。教材设计充分考虑学生的认知特点和国际交流需求，每个单元采用"介绍主题—回顾经典—引发思考"三层结构，使学生通过概览性文章了解主题概况，通过经典选文体会文化精髓，通过评论性文章提升批判性思维能力和跨文化鉴赏能力。此外，教材增设文化知识小百科和主题词汇表，结合汉英对照的表达方式，帮助学生掌握常用词汇和相关表达，增强其用英语探讨相关文化主题的能力。

有关高校和专业可根据学生的专业特点和未来需求，依托中国文化

主题教材，根据实际教学需求，开设"中国文化英语"选修课。选修课可采用专题化模块设计，系统化地讲授中国文化核心知识，并结合课堂讨论、案例分析和跨文化对比等实践教学环节，帮助学生深化对中国文化的理解，同时提升英语表达能力和文化交流能力。通过理论与实践的结合，选修课不仅能弥补综合英语课中中国文化内容的不足，还能为学生提供更加丰富的学习体验，提升学生的文化自信与国际传播能力，为大学英语课程体系的优化和服务国家文化传播战略提供有力支持。

3.2 编写融入式教材，在大学英语综合课中有机融入相关中国文化内容

将中国文化融入大学英语综合课程是增强学生文化认知和跨文化交际能力的有效途径之一。编写融入式教材能够实现语言技能教学与文化教育的有机融合，为学生提供中外文化互鉴的多维学习体验。例如，湖南大学刘正光教授主编的"新目标大学英语系列教材"《综合教程》在教材内容中选取了一定比例的中国文化主题语篇，并在每单元的单元概览（Overview）中融入中外文化名人的名言名句，如孟子的"人之相识，贵在相知；人之相知，贵在知心"等。融入式教材使中国文化在大学英语综合课程中的呈现更加具有针对性，既强化了单元主题的文化引领价值，又让学生在中西文化智慧的对比和互鉴中感受到中国优秀传统文化中的精彩与精深。

再如，笔者主编的上海市《高中英语》（上外版）[①]教材通过中西文化互参和对比分析的方式，将文化渗透到教材的各个板块和教学活动中，旨在"润物细无声"地拓展学生的国际视野，涵养其家国情怀，提升其批判性思维能力。每个单元的首页列出学习目标和主题名言，创设主题语境，引发学生对单元主题的兴趣，探究主题意义，起到"画龙点睛"的作用。教材注重显性与隐性文化元素的结合：显性文化内容通过"文化链接"（Culture Link）等板块呈现反映中国文化的核心价值观、信仰及实践的文化现象和文化活动，为学生构建清晰的知识框架；隐性

---

① 上海外语教育出版社2020年出版。

文化内容则通过相关语篇中的故事情节、对话场景及活动设计等潜移默化地传递文化内涵，拓展学生的文化认知深度和广度，丰富学生的文化和情感体验。

4. 中国文化进大学英语教材存在的问题与相关建议

4.1 提升教师跨文化意识，提升中国文化教学能力

教材在大学英语课程中的有效应用不仅取决于教材本身的编写质量，更依赖于教师对教材的深度理解和灵活运用。然而，许多大学英语教师专注于英语语言知识与技能，缺乏系统的中国文化积累，在解读教材相关内容或者组织有关中国文化内容的讨论时常显得力不从心。因此，提升大学英语教师的中国文化意识、文化素养和教学能力应该作为教师专业发展和课程培训的一个重要内容。首先，相关学术机构或高校可举办中国文化英语课程研修班或示范课，帮助教师深入研修教材涉及的中国文化内容的核心内涵，系统提升教师对中国文化的阐释能力与教学活动设计和实施能力。其次，可鼓励教师将中国文化课程与自身学术研究相结合，通过参与教材编写、课题研究与学术出版，推动文化教学由经验型向研究型转变，从而实现教学与科研的良性互动。再次，可依托文化传播赛事及跨文化国际交流活动，搭建教师教学与研究能力提升的实践平台。

4.2 教材编写应体现专业及学校办学特色，提升内容的针对性和实践性

教材是课堂教学的重要载体，是教师"教什么"和"如何教"的基本依据，但当前大学英语教材中的中国文化内容往往更注重其自身的价值或显示度，缺乏与学生学科背景及专业知识体系的有机关联。内容的针对性和实践性不足，难以满足不同院校和专业学生学习和交流的实际需求。鉴于此，大学英语课程设计者和教材编写者可考虑结合学校办学特色与学生专业背景，使中国文化内容与相关学科知识深度融合。例如，工科的大学英语教材可融入中国科技发展史，也可结合中国现代科

技发展成就及相关问题；文科的大学英语教材可融入中国文学、艺术和哲学的经典作品内容和相关讨论；医科的大学英语教材则可融入中国传统医学理论及相关哲学和社会基础等等。在呈现方式上，可通过案例分析、文化链接、互动性学习、文化活动或作品展示等形式，增强教材或课程内容的实践性与层次性。例如，可设计跨学科课程项目，鼓励学生以团队合作的方式进行现实生活中的案例收集与研究，将跨文化知识与专业知识相结合，探索跨文化场景中如何解决文化冲突或误会等问题。

4.3 提升教材中文化内容的多样性和丰富性

目前，大学英语教材对相关中国文化内容或话题的呈现方式较为单一，往往以知识性的内容输入为主，缺乏与世界其他相关文化内容或话题的深度对比分析。为提升教材中文化内容的吸引力和教学效果，可以考虑在教材设计中针对某一文化现象或话题引入多元文化对比或者集中共现的模式，将中国文化与其他文化的相关内容进行系统比较和深度剖析，采用差异分析和共性探讨的方式，拓展文化呈现方式的丰富性。同时，结合现实生活中国际文化交流的真实案例，鼓励学生跟踪观察或亲自参与。例如，在有关不同文化中文学经典和艺术风格的讨论中，可结合有关部门或机构举办的相关活动，如上海市举办的"2016上海国际汤显祖·莎士比亚戏剧节"等，增强文化交流的现实感，引导学生理解不同文化艺术形式的独特审美与深层价值观，提升学生参与和体验国际文化交流的获得感。

4.4 融合大数据与多模态技术，创新教材中文化呈现的方式

随着信息技术的快速发展，大数据分析与多模态技术为教材中文化的呈现带来了全新的可能。在人工智能驱动的教育背景下，教材的形式已不再局限于传统的纸质文本。然而，当前大学英语教材对中国文化的呈现仍主要依赖文字和静态图片，缺乏视频、音频、交互素材等多模态内容的融合。这种单一化的呈现方式难以激发学生的学习兴趣，也限制了他们对中国文化的深度理解与多维体验。

为提升教材的呈现效果和应用价值,建议在教材设计中深度融合大数据与多模态技术,全面丰富文化内容的呈现形式。一方面,可通过整合文本、图片、视频、音频等多种媒介,打造多维立体的文化模块。例如,在介绍中国文化遗产时,利用虚拟现实(VR)技术呈现不同历史场景的三维影像,为学生提供沉浸式学习体验;在讲解传统艺术时,可利用人工智能平台并结合生成式动态视频充分展现戏曲、书法、国画等艺术形式的表现力。另一方面,大数据分析可帮助精准识别学生的学习需求和偏好,从而为不同层次的学生提供定制化的学习资源,使教材内容更具针对性和实用性。同时,教材还可以借助在线资源与多媒体平台扩展文化内容的深度和广度。例如,可精选国际媒体制作的优质中国文化主题视频,作为教材的有益补充。这些资源既能直观展现中国文化的多样性和生动性,又能通过展现外国人看待中国文化的视角,激发学生的思考与讨论,进一步提升学习效果。另外,还可以根据教材相关单元的主题,链接适合的中国经典文学作品及当代文化著作的英译本、海外汉学家用英文介绍和讨论中国文化的作品或影视作品。也可以通过设计相关的主题项目,鼓励学生开展项目化学习,创作各类有关中国文化的多模态作品,并配以英文,在教师或者专业人士指导下,尝试国际传播。

5. 结 语

中国文化融入大学英语课程的必要性毋庸置疑。无论是研究者、教材编写者,还是外语教师,都需要对中国传统文化、现代文化、革命文化和先进文化有更深入的理解和更全面的认识,以推动中国文化的有效融入和传播。中国文化进外语教材需要在大中小学层面有一个总体规划,形成一体化的教材设计与评价体系,确保各阶段教学内容的连贯与衔接。可以运用多元视角,如社会文化理论、批判性话语分析等,对现有教材中的中国文化元素及其呈现方式进行系统评估,为教材修订与优化提供理论支持和实践指导。此外,构建有效的反馈与评价机制也至关重要。可以通过定期收集教师和学生的使用反馈,动态分析教材融入中国文化的实际效果。

最后，需要指出的是，大学英语课程融入中国文化不能矫枉过正。大学英语课程的根本目的是提升学生的国际交流能力，大学英语课程不能异化为中国文化课程。要明确外语课程的课程目标和长远目标，明确外语课程融入中国文化的根本目的是培养学生的跨文化意识，让学生在国际交流中学会相互理解，文明互鉴，美美与共。

参考文献

[1] 江泽民.领导干部一定要努力学习外语[N].人民日报，2011-04-23(6).
[2] 教育部.完善中华优秀传统文化教育指导纲要[S].北京：教育部办公厅，2014.
[3] 教育部.普通高等学校教材管理办法[S].北京：教育部办公厅，2019.
[4] 教育部高等学校大学外语教学指导委员会.大学外语课程思政教学指南[S].北京：高等教育出版社，2020.
[5] 教育部高等学校大学外语教学指导委员会.大学英语教学指南（2020版）[S].北京：高等教育出版社，2020.
[6] 刘正光，钟玲俐，任远.落实新《指南》，对接"立德树人"新需求——"新目标大学英语"《综合教程》修订的理念与特色[J].外语界，2021，(2)：25-30.
[7] 吕丽盼，俞理明.双向文化教学——论外语教学跨文化交际能力培养[J].中国外语，2021，(4)：62-67.
[8] 束定芳.语言与文化的相互关系[J].外语教学与研究，1988，1(4)：20-28.
[9] 束定芳.语言与文化关系以及外语基础阶段教学中的文化导入问题[J].外语界，1996，(1)：11-17.
[10] 孙有中.外语教育与跨文化能力培养[J].中国外语，2016，(3)：1，17-22.
[11] 张红玲.跨文化外语教学[M].上海：上海外语教育出版社，2007.

数字商务英语教材编写：结构、设计与功能

周文萱 苏晨玥

（中山大学，广州 510275）

提 要：本文基于数字技术中的泛在性、情境感知和学习元等理念，对数字商务英语教材的结构、设计和功能三个基本问题展开了研究。研究发现，数字商务英语教材由与数字技术相关的部分和与商务英语知识相关的部分构成；数字商务英语教材的内容设计包括情境和任务两个基本维度；数字商务英语教材的功能包括促进体验式教学、推进教学方式变革、完善学习效果评估等。本文所得出的结论一方面丰富了商务英语教材编写的理论研究，同时为数字商务英语教材的编写提供了具体的实施思路。

关键词：数字化；商务英语；教材编写

Abstract: This paper is based on the concepts of ubiquitous computing, situational awareness, and learning cell in digital technology, and conducts research on the structure, design, and functionality of digital business English teaching materials. It proposes a framework and potential content for the compilation of future digital Business English teaching materials, thereby indicating the direction for improvement. The conclusion drawn in this article enriches the theoretical research on the development of business English teaching materials, but also emphasizes the critical need for higher education teachers to enhance their digital literacy and professional skills.

Key words: digitization; Business English; teaching materials

---

基金项目：中山大学教学质量工程项目"体裁视角下的跨文化交际能力培养研究"（项目编号：15000-12220011）。
作者简介：周文萱，博士，中山大学外国语学院副教授，硕士生导师，研究方向：外语教学、商务英语；苏晨玥，中山大学外国语学院硕士研究生，研究方向：外语教学、商务翻译。

1. 引　言

商务英语是普通高校所设置的本科专业，隶属于外国语言文学学科，以国际商务、国际贸易、国际会计、国际金融、跨境电子商务等为学习和研究对象，具有跨学科特点（教育部 2020）。麦可斯《2023年中国本科生就业报告》显示商务英语专业在本科就业量最大的前五十位专业中位居第28。在构建人类命运共同体和"一带一路"倡议的背景下，商务英语专业是新一轮对外开放和文化对外传播人才培养的重要依托之一，是我国高等教育创新发展的代表（王立非，艾斌 2019）。教材作为商务英语学生培养的基本载体，一直受到学界的重视。

近年来，数字技术的发展与应用有效地赋能了语言的教与学，商务英语教材的编写正朝着数字化、情境化方向发展。数字技术不仅丰富了学习者的学习体验，使其能够跨越传统课堂的限制，置身于多元化的商务情境中，而且通过泛在数字化资源服务，学习者能够更加灵活地切换不同的学习场景，从而极大地拓宽了商务英语教学的途径。在商务英语教材的编写中融入数字技术，创设身临其境的商务英语场景，让学习者进行真实的商务沟通实践，弥补传统实践训练的不足，是当前商务英语教材编写的重要趋势。

本文将在回顾商务英语教材发展历程的基础上，探讨如何将数字技术中的泛在性、情景感知性与商务英语的话语体裁特点相结合，解读数字商务英语教材的本质、内涵以及与传统教材的差别，分析数字商务英语教材编写的结构、内容设计及应具有的功能与优势。

2. 商务英语教材发展综述

商务英语作为英语专业的一个重要分支，具有其独有的特征和教学规律。在教材编写过程中，商务英语教学遵循建构主义和人本主义学习理论，同时以职场需求为导向，强调交际型、功能型和任务型教学原则。这些原则旨在提升学生的合作和思辨能力，培养他们的实践和创新能力（王立非，任杰 2021）。回顾商务英语教材的发展历程，早期教材编写主要分为通用商务英语、商务翻译英语和高职院校商务英语专业教材等几个方向。这些教材共同突出了商务英语的通用性，并强调了商务口头沟通能力以及词汇的掌握。除了传统的纸质教科书，这些教材还包括声音、图像、图片等多媒体文件，丰富了学习资源（贾和平 2012；莫再树，孙文娟 2010；曾艳 2014；阮晓文 2017）。随着技术的发展，商务英语教材的形式日趋多元化，纸质版教材与多模态教材并存，实用性增强，教材不仅涵盖了专业类内容，还包括非专业类、考试类和自考类，逐渐从单一的线下模式过渡到线上线下相结合的编写模式（王立非，任杰 2022）。这种转变反映了商务英语教学对学习资源多样性和教学模式灵活性的需求，旨在为学生提供更全面、更贴近实际商务场景的学习体验。

2.1 立体化教材编写

随着信息技术的发展，2000年《高等学校英语专业教学大纲》的颁布明确提出，外语专业教材建设应"充分利用计算机、多媒体、网络等现代化的技术手段"。这一政策引领下，教材编写开始转向多元媒介相结合的方式，其中立体式教材编写成为一种代表性趋势。立体化教材以现代教育学理论为指导，通过现代信息技术整合纸质与多媒体教学资源及网络内容，实现教学材料与媒介的互动，为高等教育提供综合教学方案（朱琳 2021）。教材通过音频、视频、图文、视听一体的场景，从多个角度对学生的感官形成刺激，加速和改善信息解构与认知过程，优化学习环境，刺激学生感官，促进能力内化（杨港，彭楠 2021）。立体化教材不仅是对原有教材的更迭与创新，更是信息技术与教学理念相结合的产物。技术的赋能使得教材的启发和传递功能更加直观和强化，从而达到较高的教学效果与目标（陈坚林 2011）。这种教材代表了教育信息技术在外语教材编写领域的早期实践应用，实现了教学理论、方法与技术的深度融合，因而被视为一种创新型教材。其应用不仅促进了在线课堂与自主学习相结合的新生态的形成，而且显著提升了教学效能，被视为对传统电子教材的升级与革新。

然而，立体化教材的编写也面临挑战，包括如何有效整合不同技术手段以形成统一的教材体系，对教师进行信息技术培训，以及建立与立体化教材相适应的评价体系来评估教学效果等，都是编写立体化教材时需要考虑的重要方面。这些挑战的解决将有助于立体化教材的进一步发展和完善，以更好地服务于教育实践。

2.2 线上与线下相结合的教材编写

随着信息技术在教材编写中的应用，教材种类日益繁多，教材内容趋向校本化，以本学校的教师和学生为主体，建立学生网上自主学习平台，包含多样电子资源和非文本信息，学生通过纸质教材，与自主学习平台里的电子素材形成互补（陈坚林 2023）。教师还可以布置任务，鼓励学生利用网络资源，同时可以在后台监控和评价，及时了解学生的学习情况。

商务英语教材在不断发展的同时开始出现配套慕课、翻转课堂和线上线下混合等教学手段，在这个过程中越来越多的信息化手段和技术融入到传统的课堂教学中，调动学习者的自主学习兴趣。有研究指出，未来教学利用大数据、互联网、商务英语翻译语料库和新型语料应用技术等，从国家形象、国别与区域、商务贸易、商务外交、企业形象、用户需求等角度对商务英语领域进行深入研究是大势所趋（张蔚磊 2021）。此外，近几年线上线下相结合的教材编写逐渐转向内容方面的完善，教材编写强调思辨和创新能力的培养，突出跨文化交流能力在沟通中的体现，培养学习者的商务实践技能。同时，中国特色话题、中国商务文化知识等也逐渐融入商务英语教学与对外沟通中，在思政课程建设的引领下，形成具有中国对外交流特色的商务英语教材编撰模式。

2.3 商务英语教材编写的不足

当前商务英语教材在面对快速变化的全球商务环境时，显示出一些明显的不足。首先，尽管理论知识体系较为完备，但在模拟真实商务场景和实践操作方面存在明显短板（何军等 2022），这使得学生难以将所学理论有效转化为实际工作能力。其次，教材内容的更新速度往往滞后于商务实践的发展，没能与业务流程和岗位知识能力需求挂钩，没有融入数字贸易衍生行业的工作流程和知识结构（邹幸居 2023），这导致时效性不足，无法及时反映最新的商务趋势。再次，传统教材多为静态内容，缺乏与学生的互动，无法根据学生的个性化需求提供定制化的学习体验（王立非，任杰 2021），限制了学习效果的提升。最后，虽然已有部分教材尝试结合数字技术，但以纸质教材为主，商务英语语言技能类教材、线上线下结合的新模态教材编写与研究都有待开展（鲍文，丁马骏 2022）。

因此，为了适应未来商务英语教学的需求，教材编写需要在实践性、时效性、互动性和技术融合方面进行深入改革和创新。

首先，教材需要重视实践性的增强，通过深入分析真实商务交际事件，开发数字学习情境，模拟操作案例和活动，以提升学生将理论知识应用于解决实际商务问题的能力。其次，教材内容需要致力于同步更新，紧跟国际商务最新动态，融入数字贸易和跨境电子商务等新兴行业的流程与知识，确保教学的前瞻性和实用性。第三，教材设计需要增强互动性，利用数字技术开发互动式教材，通过在线平台和移动应用实现学生与教材内容的即时互动，满足个性化学习需求。最后，教材编写需要探索技术与内容的融合，开发结合纸质与数字资源的新模态教材，以及商务英语语言技能的数字化教学资源。

鉴于此，本研究将在现有数字技术基础上融入学习元理念探讨数字商务英语教材编写，结合学生的线下资源使用，强调学习者的主动参与和自我驱动，尝试建立更智能、更便捷和更具适应性的学习环境和资源。

3. 数字化商务英语教材的内涵与学习元理念

3.1 数字化商务英语教材的内涵界定

数字化教材是在传统教材、教学大纲和教学方法理论与实践基础上的发展与创新，通过现代数字技术的介入，使传统教材呈现出多维样态，教材知识可视化，学习者可感知、可身临其境参与互动、资源可随时更新，学习情况可以不断被评价和完善。数字化教材的编写和使用，可以改善现有学习的不足，实现随时学习、任意学习，提升学习者的学习动机和成就感，让更多的人参与到学习中。

与传统教材相比，数字商务英语教材不再局限于某一本教材或者某一个在线平台。它是基于数字化技术构建的虚拟商务世界，在这个世界中包含了与现实世界商务活动相对应的所有话语体裁——它可以是根据现有资源预先设定的交际事件，如完成某个案例分析；也可以根据不同交际目的随时产生交际事件，如某个人或团队在虚拟世界进行创业；也可以是来自真实世界的内容，比如将正在进行的某项贸易谈判平行移动到虚拟世界中，学习者直接使用谈判中的资源和材料在虚拟世界中平行地完成交际任务。

简言之，数字化商务英语教材是虚拟与现实的结合，将现实世界的交际事件在虚拟世界中完成，将虚拟世界的经验反馈给现实世界，通过二者互动，不断提升学习者的商务英语能力。相比于传统商务英语教材，数字化商务英语教材的内容更加多维化，教材形式更加可视化。在使用数字化商务英语教材的过程中，学习者可感知、可身临其境参与互动，学习资源可随时更新，学习效果可即时评价。通过数字化商务英语教材的编写和使用，对于学习者而言，能够实现随时学习、自主学习，激发学习者的学习动机，提升学习者的学习成就感，对于教师而言，可以从教学内容、教学形式、教学活动等不同方面赋能课堂教学，提高教学效果，达到教学目标。

3.2 泛在计算中的学习元理念

泛在性是指将无线互联网和泛在计算（ubiquitous computing，也译为普适计算）技术相结合从而增强学习效果（technology enhanced learning, TEL），这一观点也被称为泛在学习（u-learning或ubiquitous-learning）（Rogers *et al.* 2006）。情境感知（context sensitivity）是指根据不同的学习情境提供不同的学习服务，即利用智能学习设备感知用户需求，根据需求选择最适合的学习形式和服务（周伟，杜静等 2022）。在泛在学习理念的基础上，Chan等（2006）提出了"连续性学习（Seamless

Learning）"的概念，即通过使用移动设备、互联网和手持设备等让学习者进入虚拟情境中，在一对一设备和技术的支持下，将原来的课堂的正式学习扩展到课堂之外的非正式学习，如：在线学习互动，这不仅能够增加学生的非正式学习的时间，而且可以激发学习者在不同情境下自发、自主学习的动力，弥补课堂教学的不足。余胜泉等（2009）在传统教学模式基础上，结合泛在计算技术，提出了学习元的概念，"元"是组建学习的基本单元，如同"细胞""神经元"，它微小、可组合、可再生、可更新、可感知适应环境、可重用。它在学习过程中不断采集学习者的信息，可以将学习网络共享，在这个过程中还能够不断自我发展形成更微型化、智能化的数字资源。数字技术赋予学习元的这种特性正在渗入各个领域，在教材编写中，学习元的应用也将弥补之前线上与线下学习的不足，进一步吸引更多的人参与到自主学习中。

　　学习元在现阶段可以是一种远程访问的设备，如手机、平板电脑、计算机等，随着数字技术的发展，也可能是任何一种戴在身体上的感知设备，这种设备可以连接用户和网络，连接真实世界与虚拟世界，提供为情境而设的学习内容与应用程序访问。在学习过程中，通过学习元的连接，同伴之间经过碰撞产生的经验更有利于学习者的理解。学习者通过学习元进入学习情境中，在情境中扮演对应的角色，通过角色之间的互动将原有静态的存储资源与其他学习者交互使用。学习者在参与的过程中通过学习元的感知能够不断吸收他人智慧，可以建构"以人为本、群建共享"的开放内容体系。同时，学习者资源应用的过程也是群体智慧发挥的过程，在这个过程中"教育云计算中心"可以聚合权威的知识与领域专家，通过集体智慧的运算算法，聚合人与人、人与知识、知识与知识之间的社会网络，无数情景化的学习问题及其相关的领域专家相互连接形成领域知识资源库，在云计算技术与新媒体技术的协同下，建构出支持泛在学习的连续性学习空间（余胜泉 2020）。

3.3 数字化教材编写与学习元理念的融合

　　数字化教材通过现代数字技术，将传统教材转化为多维、可视化的学习资源，强调学习者的互动参与和资源的即时更新，从而提升学习动机和成就感。这种教材的创新之处在于创建动态学习场景，使学习者能够在虚拟商务世界中主动学习和实践。基于泛在计算技术的学习元理论是把"元"作为学习的基本单元，不断采集学习者信息并自我发展。学习元理论可以与数字化教材相融合，共同推动教材内容的多维化、学习形式的个性化和学习效果的优化。

首先，学习元的微型化和智能化特性使得教材内容能够持续更新，保持与商务领域最新发展的同步，从而增强教材的实用性和吸引力。其次，通过连接用户和网络，学习元提供情境化的学习内容，使商务英语教材能够包含真实商务场景的互动，提升学习的实用性和趣味性。再次，学习元支持群体智慧与共享，鼓励学习者间的合作与交流，通过集体智慧解决问题、提高学习效果。学习元还通过云计算和新媒体技术支持泛在学习，使学习者能够随时随地通过各种设备访问教材，满足学习者的移动学习需求。最后，学习元采集学习者信息，为个性化学习提供可能，根据学习者的习惯和需求定制学习内容和进度，提高学习的针对性和效率。因此，学习元理念的应用不仅弥补了传统线上与线下学习的不足，还通过其多重特性丰富和优化了数字商务英语教材的编写和设计，更符合现代学习者的需求和期望。

4. 基于学习元的数字商务英语教材编写

在数字化商务英语教材的编写过程中，学习元理念的融入为教材设计提供了新的视角和方法。学习元，作为一种"微小、可组合、可再生、可更新"的学习要素，其特性与数字化教材的多维样态和可视化特性相得益彰。通过学习元的应用，教材能够更好地适应学习者的个性化需求，实现内容与情境的紧密结合，从而提升学习效果。数字化教材通过学习元感知学习者的需求，收集学习者在学习过程中产生的信息。在教师的引导下，学习者通过学习元进入情境，帮助学习者在学习过程中扮演相应的角色，完成学习内容。在学习资源的使用和更新方面，借鉴数据分析、专业问答网站、论坛网站的互动性特点整合集体智慧，建构知识路径存储，形成未来学习资源建设趋势。基于此，数字化商务英语教材的编写应包括三个方面：确定教材的框架结构；结合商务英语的学科特点在框架中设计内容；通过内容展示其所具有的优势和功能。

4.1 数字技术下的商务英语教材结构

从商务英语教材的构成角度看，商务英语数字化教材主要由两个部分构成。一部分是与数字技术相关的内容，这部分内容主要与教材的学习情境建构相关，主要由计算机技术人员开发，具体包括：元数据、聚合模型、领域本体和服务接口等（余胜泉 2009）。数字商务英语教材是基于数据技术建构，因此具有情境感知性，能够从学习者的周围收集环境信息和工具设备信息，并为学习者提供与情境相关的学习活动和内容（余胜泉 2009），数字商务英语教材的资源内容处于一个开放性的环境之中，在这一环境下学习资源可以不断更新、完善，更新内容来自多个方面，如：系统可以不断吸收学习者在使用过程中产生的有价值的信息进行更新、系统也可以通过不断吸收网络上有价值的内容实现资源的更新、根据教学进展进行更新等。上述几种途径之间彼此可以相互融合，促进数字化商务英语教材的内容资源不断充实、完善。

另一部分是和商务英语知识相关的内容，这部分内容主要由商务英语专业教师、专家、从业人员等开发，它是教材的主体内容建构，包括：学习内容、课程练习、学习评价、学习活动、学生完成活动或课程使用情况以及多元格式的各种文件等。在这部分内容中，教师是商务英语学习资源开发的主导者，教师不仅设计和创造资源，而且也通过合理的设计引导学生高效地使用这些学习资源，通过引导使学生成为学习主体，形成以学生为主的自主型学习模式。同时专家、其他学习者甚至从业人员也可以分享学习资源，形成彼此间的互动，促进学习资源的不断丰富，比如通过问答的形式创造学习资源，或者将职场中真实的交际事件同步到数字情境下，让每个学习者扮演不同角色完成交际任务，从而增强学习资源的实践性、趣味性。

4.2 数字教材的情境与内容设计

数字商务英语教材的内容设计紧密围绕商务英语的话语特点,包括体裁性、通用性和专门性。商务英语的体裁性是教材设计的核心,结合不同体裁类型设计交际情境和任务。体裁被定义为"一种有步骤的、以交际目的为导向的社会交往活动过程"(Martin 1993),这一概念为构建数字商务英语连续学习空间提供了理论基础。教材设计中,每种交际目的对应特定的交际事件和话语体裁,如市场调查报告的撰写。通过系统组合不同的交际情境和事件,学习者可以参与到具体的商务情境中。在此基础上,教材需要根据情境设计不同的商务交际角色,并为每个角色设计相应的任务,如问卷调查、报告撰写、客户访谈等,确保每个任务通过口头或书面话语呈现。学习元通过构建虚拟商务世界,将现实世界的交际事件融入教材,使体裁在具体情境中得到实践,丰富了教材的内容和形式,提升了学习者的学习效果和体验。

此外,商务英语的通用性和专门性特征也应在教材设计中得到体现。通用性意味着在商务交易中,交际双方可能使用非英语语言,但商务英语仍具有共享意义,且交际策略会因文化背景而异(Bargiela-Chiappini 2006)。专门性则体现在特定商务情境中,需要使用专业术语和遵循特定语篇结构。教材设计不仅限于英语母语,而是支持不同国家和文化背景的学习者在商务情境下使用英语进行有效沟通。教材设计中可以通过数字技术进行大数据分析,评估每个角色在通用性和专门性商务英语交际情境下的任务完成情况,并给出改进建议,以提升学习效果。

4.3 数字商务英语教材的功能

数字商务英语教材的研发,是为了弥补现有教材的不足,激发更多的人去主动学习。现有的线上学习资源主要是在线学习或电子学习(e-learning),以计算机设备为主要学习硬件,依托于某一个平台,如:WeLearn、慕课、U校园等在线自主学习平台,学生购买相应的纸质教材,使用平台的资源完成学习内容。它是教育工作者搭建的一种在线学习情境,将传统纸质教材内容以网页或者数字化的模式呈现,这种学习模式为学习者提供了丰富多样的可视资源，但大都针对出版社编写的教材，满足有限群体学习。在线教学虽然实现了资源共享，但弱化了师生面对面的互动交流效果，而数字化教材在内容上可以通过各种媒介，如模拟、AI等实现各种人际交流，包括师生互动、生生互动以及与真实职场中从业人员的各种互动，引导远程学习者投入地完成学习。

综上，数字商务英语教材最终应实现如下功能。首先，方便教师和学生开展体验式教学，教与学的知识装载于数字终端阅读、可及时更新内容、记录交互轨迹。第二，扩大教材资源使用范围，让更多的学习者接触商务英语。学习者应用学习元能够在亲身实践过程中开阔视野、培养商务交流中所需的能力和技巧，教学方式多样化，提升教与学的效果，培养学生的独立思维方式和国际商务沟通能力。第三，提高学习者的学习效率和兴趣，促进教育学方式的变革，通过完善数字资源共享以及远程在线学习，建构高校学习服务新模式。第四，应用学习元连接大数据、互联、存储以及计算机分析功能，对学生学习过程进行评价，学生能够及时了解自身情况并不断改进，教师也能够随时监控学习效果，不断完善教学策略，有助于探索开展学生学习情况全过程的综合评价方式，将规模化教育和个性化培养结合，推动外语教育评级数字化改革。

5. 结　语

本文对商务英语教材的发展历程进行了回顾，并深入分析了其在实践性、时效性、互动性和技术融合等方面的不足。在此基础上，文章进一步探讨了数字商务英语教材的编写、设计和功能。文章强调了数字技术在商务英语教学中的核心作用，特别是泛在性和情境感知性的应用，以及学习元理念在教材设计中的关键角色。数字化教材是基于数字技术的创新发展，它为学习者提供了高效便捷的学习资源，能够丰富学习场景、拓展学习视野。商务英语教材的编写应综合考虑数字技术与商务英语知识的构成，从情境和任务两个维度进行内容设计，并从体验式教学、教育方式变革、学习效果评估等方面发挥数字商务教材的功能。数字商务英语教材的编写是一个多学科、多技术融合的复杂过程，需要教育工作者、技术开发者、商务领域专家和学生的共同参与。通过不断创新和完善，数字商务英语教材将更好地服务于学习者，提升他们的商务英语能力和跨文化交流技巧，培养更多优秀人才。

尽管数字商务英语教材编写仍处于初步阶段，但其无疑是未来教材编写的发展趋势。未来，该领域将更加注重实践性和互动性，利用人工智能、大数据等先进技术实现教材内容的动态更新和智能推荐。教材设计将更加强调模拟真实商务场景，通过丰富的实践操作和案例分析，帮助学生深入理解和掌握商务英语的应用。此外，教师在应用数字教材教学时，备课和教学的模式也将发生变革，如何将商务情境中的各类交际事件融入数字情境中，如何让学习者身临其境地操作和完成，以及如何让所有商务英语学习者融入数字情境中体验不同角色并完成学习，这些都是未来有待探索的方向。

参考文献

[1] Bargiela-Chiappini F, Nickerson C & Planken B. *Business Discourse* [M]. New York: Palgrave Macmillan, 2006.

[2] Chan T W, Roschelle J, Hsi S, et al. One-to-one technology-enhanced learning: An opportunity for global research collaboration [J]. *Research & Practice in Technology Enhanced Learning*, 2006, (1): 385–386.

[3] Rogers Y & Price S. Using ubiquitous computing to extend and enhance learning experiences [A]. In Vant Hooft M & Swan K (eds.). *Ubiquitous Computing in Education: Invisible Technology, Visible Impact* [C]. London: Routledge, 2006. 329–348.

[4] 鲍文，丁马俊. 中国商务英语教育研究20年：回顾与前瞻 [J]. 外语界，2022，(5)：50-55.

[5] 陈坚林. 试论立体式教材与立体式教学方法[J]. 外语电化教学，2011，(6)：3-7，18.

[6] 陈坚林. 中国外语教材史（上卷）[M]. 上海：上海外语教育出版社，2023.

[7] 何军，梁坤，吴澎. 新时代下电子商务专业学生实践能力培养研究[J]. 创新创业理论研究与实践，2022，(22)：140-142.

[8] 贾和平.商务英语翻译教材建构模式探微[J].大学英语教学与研究,2012,(3):46-50.

[9] 教育部高等学校外国语言文学类专业教学指导委员会.英语类专业教学指南[M].北京:外语教学与研究出版社,2020.

[10] 麦可思研究院.《2023年中国本科就业报告》[R].北京:社会科学文献出版社,2023.

[11] 莫再树,孙文娟.商务英语写作教材建设的现状研究[J].外语教学,2010,(5):81-85.

[12] 阮晓文,管俊,王莎.高职商务英语听力教材建设的现状、存在的问题的探析[J].科技视界,2017,(13):81,87.

[13] 史兴松,程霞.商务英语专业人才的社会需求分析[J].外语界,2019,(2):65-72.

[14] 王立非,任杰.新中国70年商务英语教材发展和研究现状分析(1949-2019)[J].外语教育研究前沿,2021,4(2):43-49,90.

[15] 王立非,任杰.我国商务英语教材发展现状及"十四五"教材建设的思考[J].外语教材研究,2022,(0):142-159.

[16] 徐光祐,史元春,谢伟凯.普适计算[J].计算机学报,2023,(9):1042-1050.

[17] 杨港,彭楠.数字时代高校外语教材研究的自传式叙事范式[J].当代外语研究,2021,(2):96-105,112.

[18] 游金干,何家宁.面向词典编纂的商务英语教材语料库建设[J].外语教学理论与实践,2016,(4):59-64,98.

[19] 俞建耀.国内典型商务英语写作教材互文性研究[J].中国外语,2015,(4):63-68.

[20] 余胜泉,杨现民,程罡.泛在学习环境中的学习资源设计与共享——"学习元"的理念与结构[J].开放教育研究,2009,15(1):47-53.

[21] 余胜泉,陈敏.泛在学习资源建设的特征与趋势——以学习元资源模型为例[J].现代远程教育研究,2011,(6):14-22.

[22] 余胜泉.泛在学习的资源组织模型及其关键技术研究——学习元的理念、技术和应用[M].北京:北京师范大学出版社,2020.

[23] 曾艳.高职公共英语教材选择及使用研究——《新编剑桥商务英语(初级)》系列教材为例[J].武汉冶金管理干部学院学报,2014,24(4):82-84.

[24] 张蔚磊. 我国商务英语的研究热点及发展趋势——基于10年来CNKI论文的知识图谱分析[J]. 上海交通大学学报：哲学社会科学版，2021，29(3)：145-156.

[25] 周伟，杜静，汪燕，刘嘉豪，黄荣怀. 面向智慧教育的学习环境计算框架[J]. 现代远程教育研究，2022，34(5)：91-100.

[26] 朱琳，徐鹰，韩金龙. 外语教学与信息技术的深度融合路径研究——学术英语教学改革与实践[J]. 外语界，2021，(2)：46-53.

[27] 邹幸居. 数字贸易背景下商务英语教育高质量发展路径研究[J]. 广西教育学院学报，2023，(6)：214-219.

基于课标编写高职公共英语教材的基本原则
——以《领航职业英语》为例

马俊波

（深圳职业技术大学，广东深圳 518055）

提　要：教材对外语学习至关重要，理论是教材编写的重要保证，以课标为指导是编写英语教材的重要路径。基于课标编写英语教材时，应遵循"贯彻变化""继承传统""折衷理念"三个基本原则。本文在提炼《高等职业教育专科英语课程标准（2021年版）》变化特点的基础上，论述了《领航职业英语》基于上述三个原则的编写实践，以期探索基于课标编写英语教材的标准化和理论化。

关键词：课程标准；英语教材编写；高等职业教育；基本原则；《领航职业英语》

Abstract: Teaching materials are crucial to foreign language learning. Theories are crucial to teaching materials development, and curriculum standards is also an important pathway for teaching materials development. Teaching materials development based on curriculum standards should be guided by three principles which are "implementing changes of the curriculum standards", "inheriting traditions"

基金项目：上海外国语大学外语教材研究院外语教材研究项目"基于课标的高职专科英语教材开发研究"（编号202411884GD）；教育部职业院校外语教指委2024年"三融"外语教学改革专项课题"面向课标研制的全国职教本科公共英语教学现状调查"（编号WYJZW-2024-1011）。本文源于《领航职业英语》的编写实践，谨向编写团队、刘芯等编辑致谢！审稿专家提出了许多建设性意见，谨表谢意！
作者简介：马俊波，深圳职业技术大学商务外语学院教授，博士，研究方向：职业外语教育、外语教学技术。

and "compromising ideas". On the basis of refining the features of *English Curriculum Standards for Higher Vocational Education (2021 Edition)*, the practice of the three principles in developing *Pioneer English for Vocational Colleges* is discussed, with an attempt to standardize and theorize the development of English teaching materials based on the curriculum standards.

Key words: curriculum standards; English teaching materials development; higher vocational education; basic principles; *Pioneer English for Vocational Colleges*

1. 引　言

外语教材为大部分的外语课堂提供核心资源，决定了教学目标、教学内容、教学方法，对教学过程和教学质量都起着积极作用（Garton & Graves 2021；李荫华 2021；孙有中 2021）。鉴于大规模使用的教材对外语教学影响巨大，科学编写高水平的外语教材理应成为编者和出版社关注的重点。遗憾的是，研究发现许多有经验的编者是依靠自己的直觉来编教材，想当然地认为，内容陈述清晰、练习相关就可以促进语言的习得（Harwood 2013）。事实上，有理论依据的教材编写更具有系统性和连贯性，更有利于教材作者编写出适合特定学习对象的有效教学材料（常小玲 2017）。特别是大规模发行的教材，如果编者仅仅是靠模仿已经出版的优秀教材或根据自己的经验编写，肯定无法保证质量。因此，教材编写需要有明确的理论指导。

在编写教材时，编者可依据课程标准、考试大纲和当前的教学理论指导编写工作（McGrath 2021）。因为不提倡考试为导向的英语教学，现在作为课堂教学使用的基础课英语教材已很少依据考试大纲来编写。教育行政部门制定并颁布的课程标准虽对教学方法并不作指令性规定，但从内容的选择和安排上也可以看出这类标准背后的教学指导思想（程晓堂，孙晓慧 2011）。教材编写者在编写教材时需要一个组织框架，而课程标准可以发挥该功能，提供教学内容的列表（McGrath 2016）。因此，在编写英语教材时，以国家颁布的课程标准为依据不失为一个有效的策略。甚至有学者认为，编写任何科目的教材，其指导性的文件只能是课程标准[①]（秦秀白 2007）。教材是国家事权，教育部于2019年颁布的《职业院校教材管理办法》也明确指出"教材编写依据职业院校教材规划以及国家教学标准和职业标准（规范）等"。因此，无论在学科理论还是行政要求上，课程标准都是教材编写的重要依据。

从课标研发的逻辑来看，新课标的颁布往往意味着旧课标不能满足当前教学需要，或者不能反映新的教学思想。因此，贯彻新课标的首要任务是落实这些新变化。另一方面，英语教学思想的发展是一个缓慢的过程，处于不断地淘汰、创新和积累中，新课标仍然会继承原有的优点和合理的理论方法。在实践层面，外语教学多呈现折衷主义倾向，不拘泥于某一种方法，而采用兼容并蓄的务实态度。因此，在教材编写中系统、全面落实新课标的要求，应遵循"贯彻变化""继承传统"和"折衷理念"三个基本原则。本文在提炼《高等职业教育专科英语课程标准（2021年版）》（以下简称"高职公英新课标"）主要变化的基础上，阐述了《领航职业英语》遵循上述三个原则的举措，以期交流经验，逐步推动基于课标编写英语教材的标准化和理论化。

2. 高职公英新课标的变化特点

2021年4月，教育部办公厅正式发布了由教育部组织研制的《高等职业教育专科英语课程标准（2021年版）》。这是我国高职公共英语教育领域由国家正式发布的第三个纲领性文件，距离上一个课标（2000年教育部高教司颁布的《高职高专教育英语课程教学基本要求（试行）》）已有21年的时间。相较于历史上的两个课标，新课标有"三新一多"的特点。"三新"指课程目标、课程设置和学业质量评估有全新的变化，"一多"指课程内容比过去两个课标多。

[①] 本文中"课程标准"的内涵在有关文献中采用"教学大纲""教学基本要求""教学指南"等表述。

高等职业教育专科英语总的课程目标是贯彻党的教育方针、落实立德树人根本任务，具体目标则是四项核心素养的发展，即职场涉外沟通、多元文化交流、语言思维提升和自主学习完善。新课标改变了聚焦综合语言运用能力的学科本位目标，确立了通过英语课程落实立德树人根本任务、培养学生英语学科核心素养的新目标（梅德明，王蔷 2022）。在课程设置上，高等职业教育专科英语课程由基础模块和拓展模块组成，作为各专业学生必修或限定选修内容的基础模块直接从职场通用英语开始，改变了以往两个课标先基础英语后专业英语（或行业英语）的课程设置惯例。不同于过去两个课标的"教学要求"，新课标中的学业质量是学生完成课程学习的成效，以学科核心素养及其表现为评价维度，是核心素养、课程目标和课程内容的有机融合。学业质量具有综合性和真实性，采用学业质量标准来检验课程的学习情况，并不只是检验课程内容本身的掌握情况，而是检验学生通过课程内容学习形成的能力和品格，判断课程的学习是否使学生形成了学科核心素养（程晓堂 2018）。

1993年的课标和2000年的课标只对词汇、语法知识和听、说、读、写、译技能提出教学要求，新课标则对课程内容进行了明确的描述，包括主题类别、语篇类型、语言知识、文化知识、职业技能和语言学习策略六项，其中语言知识还包括词汇、语法、语篇和语用知识。因此，六项要求实际包含了九项内容，比历史上两个课标所规定的课程内容要丰富很多。

学业质量是学生完成课程学习后的学业成就表现，以核心素养及其表现水平为主要维度，结合课程内容对学生学业成就具体表现特征进行整体刻画，从学习结果的角度描述学业成就的典型表现，用以反映课程目标的达成度（梅德明，王蔷 2022）。课程目标反映的是核心素养的预期程度，学业质量反映的则是实际成果，两者相互呼应，虽不能等同，但在教材编写时可合并成一个元素，即目标。课程设置和课程内容可归并为另一个元素，即内容。其中，课标的课程结构是对课程体系的设计，是宏观的课程设计；课标的课程内容部分则是对教学内容的设计，是微观的课程设计（马俊波 2021）。新课标对教学方法未作明确的要求，这给教材编写留下比较大的自由空间。总而言之，新课标对教材编写的直接影响主要在目标和内容两个方面，同时为如何选择内容来实现目标留有自由空间，这些变化是基于新课标编写高职公英教材需要优先和重点处理的地方。

3.《领航职业英语》的编写实践

鉴于高职英语教学课时少、班级大、教师任务重等困难，各高职院校及高职公英教师很少能为自己的教学编写个性化教材，通常需要商业教材（McGrath 2021）。新课标颁布后，第一个受影响的就是教材（邹为诚 2017），高职院校需要能忠实贯彻新课标精神和要求的新教材，出版机构需要协调编者对旧教材进行修订或编写新的教材。

上海外语教育出版社是我国高职公英教材的重要出版基地之一，深圳职业技术大学也一直被认为是高职教育的领头羊，出版社和学校有关作者均感到有责任编写一套全新的高职公英教材，以更好地贯彻新课标的要求，《领航职业英语》正是在这样的背景下适时而生的。

《领航职业英语》编写的指导思想就是贯彻课标的要求，通过对大纲要求的细化和对教学材料和练习活动精心编排，使教学大纲规定的教学目标、内容和要求在教材中得到充分体现（Zhang，刘艳红 2015），即在课标的骨干上补上血肉（McGrath 2021）。准确反映课标的变化是本教材遵循的第一个原则。另一方面，新课标是在继承高职公英教学传统的基础上发展而来的，因此本教材编写所遵循的另外一个原则是继承高职公英教学的优良传统。

新课标未对教学方法作明确的要求，这是因为教无定法，一线教师可选择不同的方法实现课标提出的教学目标和内容。已有的外语教学法如语法翻译法、听说法、情景法、功能法、交际法、任务法、项目法等，都是针对特定环境中的特定人群而研发，往往是某种观念的产物，各种教学法都有其优点和局限性。因此在上个世纪末，在教材编写中开始出现明显的、系统的多元大纲，大致可分为两大类：一类关注语言的使用，如功能、情景和技能；另一类关注语言本身，寻求语法、语音、词汇元素的协调（McDonough & Shaw 2003）。纵观我国的大学英语教材编写，虽然不同教材在教学法的运用上各有侧重，但单纯采用某种教学法编写的教材比较少，基于折衷主义教学理念的折衷法较适合我国外语教材的编写（李荫华 2021）。《领航职业英语》的编写在遵循上述两大原则的基础上，也采用折衷主义的教学理念，既关注语言本身又关注语言的使用，针对教材各部分的特点，以有利于解决现实问题和有利于实现教学目标为原则来选择合适的教学方法。

接下来，笔者将对《领航职业英语》的三大编写原则进行具体阐释。

3.1 贯彻课标变化

3.1.1 国家意志

党的十八大以来，国家把教材建设摆在事关人才培养质量的基础工程地位，明确强调教材要体现国家意志（曾天山，马建华 2020）。而国家意志和教育政策首先是通过教育部制定的课程方案和课程标准表述，因此教材编写有很强的政策性（刘道义 2020）。在高职公英新课标中，国家意志主要以课程总目标和核心素养发展目标的形式体现，总目标是宏观要求，具体落实在英语学科核心素养中。在教学实践中，贯彻国家意志的显性措施则是课程思政。

根据高职公英新课标来编写教材，国家意志存在于三个层面：高职公英课程的总目标是"全面贯彻党的教育方针，培养和践行社会主义核心价值观，落实立德树人根本任务"，教材要将育人放在第一位，这是宏观目标。将党的教育方针细化为本课程应着力培养的学科核心素养，体现正确价值观、必备品格和关键能力的培养要求，这是中观目标。在微观上，在教材中贯彻国家意志就是要解决操作层面的课程思政问题。

外语课程思政的方法很多，理想的外语课程思政方法是将育人有机融合于教学活动中，不能将思政教育和外语教学看作"两张皮"，把思政教育弄成"盖浇饭"，人为地、生硬地强加在外语教学内容上。育人元素一定要来自教学内容本身，而不是教师生硬贴上去的（文秋芳 2021）。也就是要开展隐性教学，正如学习一篇好课文比显性的宣传和说教更有效，更能激发学生的思想情感和道德意识（蔡基刚 2021）。

外语教材是外语教学的根本依托，应为外语课程思政提供融于语言材料之中的思政原料，设计贯穿于语言习得之中的思政体验（孙有中 2020）。有专家指出，国内几大外语教材出版社2020年以前出版的教材都难以充分满足课程思政的教学要求与目标（刘正光等 2023）。旧教材由于单元结构的限制，大多很难进行系统性课程思政设计将国家意志融入教材之中，起到"潜移默化、润物无声"的效果。很多教材采用"打补丁"的做法，如在原有结构中加入一个阅读为主的思政模块，所起的作用有可能是聊胜于无。

《领航职业英语》在编写之初就确立落实立德树人根本任务的目标，对贯彻国家意志做了系统性的安排。切入的方式是选材，基本做到每个单元的主课文均有明确的育人价值，包括中华优秀传统文化、社会主义伟大建设成就和职业精神等。比如，有反映爱国精神的钱学森的故事，有反映奋斗精神的女排故事，有反映科学家精神的袁隆平的故事，有反映工匠精神的诺贝尔文学奖获得者高尔斯华绥（Galsworthy）的小说《品质》（*Quality*），有反映传统文化的同仁堂的发展历程，有反映现代化建设成就的华为公司的故事，还有反映国际合作、构建人类命运共同体的中国建筑总公司的故事等。本套教材充分发挥新教材的后发优势，将课程思政和二十大精神融入到选材中，以取得"潜移默化、润物无声"的思政教学效果。

3.1.2 课程内容

1）教材结构

根据新课标，高职公英课程由基础模块和拓展模块组成，基础模块是职场通用英语，是各专业学生必修或限定选修的内容。拓展模块为学生根据自身需求自主选择修习的内容，包括职业提升英语、学业提升英语和素养提升英语三类。《领航职业英语》为高职公英基础模块教材，分两册，满足两学期共128-144学时的教学需要。鉴于出版社已经出版非常丰富的职业提升英语、学业提升英语和素养提升英语教材，《领航职业英语》的选用院校也可根据本校的具体需求，和已出版的其他拓展模块的教材搭配使用，构建各校完整的公共英语课程体系。出版社也会根据学校需求，协调相关领域的龙头院校陆续完善拓展模块的课程教材，更好地满足教学需求。

2）内容要素

新课标对拓展模块的内容未作要求，基础模块的内容由主题类别、语篇类型、语言知识、文化知识、职业技能和语言学习策略六要素组成。主题类别为课程提供与职业相关的教学主题，语篇类型包括口头、书面、新媒体等多模态语篇，语言知识包括词汇、语法、语篇和语用知识，文化知识包括世界多元文化和中华文化，尤其是职场文化和企业文化，职业技能包括理解技能、表达技能和互动技能，具体包括听、说、读、写以及中英两种语言的初步互译技能，语言学习策略包括元认知策略、认知策略、交际策略、情感策略等。

在内容要素的落实上，《领航职业英语》通过融入、强化等方式将四项学科核心素养有机融入各单元，并将六大内容要素合理分配到各单元，实现学科核心素养和内容要求在各单元的有机融合。具体来讲，职场涉外沟通和多元文化交流融入课文和教学活动中，语言思维提升和自主学习完善还准备了相关模块进行单独强化。对听、说、读、写、译的技能进行系统的、渐进式的训练，语言知识则采用"虚、实"两条线来处理，主题范围和语篇类型以"虚线"的方式隐藏于各单元的语篇中；同时提供一条"实线"将词汇、语法和语篇、语用串联起来，其中词汇和语法每单元都提供（语法部分还自成体系），语篇和语用在各单元中交替出现。

3）素养强化

2017年之后，国内主要学段的英语课标除大学英语课程外，均由聚焦综合语言运用能力的学科本位目标，改为以通过英语课程培养学生核心素养为目标。高职公共英语的四个核心素养既有明显区别，又相互联系、相互促进，构成一个有机整体（文秋芳，张虹 2021）。作为一个整体，四个核心素养在发展中是融合的，相互作用，相互滋养（梅德明，王蔷 2022），但在实施具体的教学任务时，可能会以其中的某项或某些方面为主。相对而言，高职公英教学主要关注的是沟通，对文化有所关注，对自主学习关注很少，对思维的关注则几乎没有。因此，在贯彻新课标的初始阶段，为了引起师生对语言思维和学习策略的关注，以发展全面、完善的核心素养，《领航职业英语》在全面重视核心素养协调发展的同时，在学习策略和语言思维强化方面做了一些原创性的设计，特意开设了"学习策略"和"语言思维"两个模块，分别安排在第一册和第二册中。比如，我们根据课标有关语言思维的内容提炼出概念理解、逻辑顺序、逻辑关系、比较与分类、归纳与演绎、分析与推理、语篇模式、思维模式等八个模块，并设计了相关练习，希望学生通过本模块的学习，掌握语言思维的一些概念并尝试应用。

3.2 继承传统

3.2.1 职业特色

我国职教界曾长期存在职业教育是一种教育类型还是普通教育低级层次的争论，国务院于2019年发布的《国家职业教育改革实施方案》明确指出"职业教育与普通教育是两种不同教育类型，具有同等重要地位"，为此争论画上句号（姜大源 2019）。职业教育和普通教育的主要区别在于培养目标和课程内涵方面，职业教育是就业导向的教育，基于工作过程而不是学科体系来组织课程内容（姜大源 2008）。高职公英新课标也彰显了高职专科英语的职业性，从课程结构和课程内容两方面体现了这一特色，在课程结构上直接从职场通用英语开始，有多种职业英语课程可供选择，同时要求教师或教材编写者把职场情景任务有机融入符合主题、专题、话题要求的语篇中（文秋芳，张虹 2021；马俊波等 2021）。

作为高职教育的一门公共基础课，高职公共英语应该体现职业教育的类型特征。《领航职业英语》主要在三个方面体现职业类型特色：首先，教材定位于"职业英语"，是语言与职业结合的职场通用英语，而不是纯语言的教材，可以和已出版的多种职业英语教材相结合，满足选用院校建设职业英语课程体系的需求；其次，各单元的主题反映了学生将来可能面临的典型工作场景，第一册是公司内工作场景，包括职业规划、机构与流程、岗位职责、办公事务、日常会议、在职培训、团队与团建、绩效与考核，第二册是公司对外业务场景，包括产品与服务、市场拓展、商务接待、业务洽谈、项目实施、商务旅行、客户关系、道德与责任；再者，Reading B 为职场通用的应用文，设置了职业词汇练习和将应用文中所涉及的职场技能应用于生活或未来职场的工作坊。

3.2.2 语言规律

在编写教材时，我们应遵循语言学习规律，充分重视和发扬几代人积累下来的英语教学优良传统和宝贵经验，诸如强调语言基本功训练，注重听、说、读、写、译基本技能的协调和全面发展等（秦秀白 2007）。与历史上的两个高职公英课标相比，新课标虽有"三新一多"的特点，但总体上不是对高职公英教学传统的颠覆，而是在继承高职公英教学优秀传统基础上的进一步发展。因此，在重点关注新课标的新理念和新要求的前提下，还需要继承这些优良传统。在兼顾人文性的同时重点关注高职公英课的工具性，确保学生修完本课程后能用英语完成生活、工作中的基本交际。

在遵循语言学习规律方面，《领航职业英语》重点关注语法的复习、语言技能的系统训练和选材的生动性三个方面。在语法复习方面，将高职学生语法学习的重、难点进行系统的梳理，每单元安排一个语法点的复习，并将对应的练习与语言应用结合起来。在写作训练方面，从句子写作逐步过渡到段落、篇章和应用文；在听说训练方面，输入和输出相结合，通过模仿和自由表达两种方式提供大量的口语训练机会；在翻译练习中凸显常用翻译技巧，让学习者对翻译技巧有一个初步的了解。同时，我们还特别注重选材的质量，注重语言的生动性和地道性，根据Krashen的观点增加导入、课文、听力甚至语法练习的故事性，提供"引人入胜的可理解的输入"[②]。所有材料均请资深外教润色，确保语言的地道性。

3.2.3 差异需求

不同学校的办学水平不同，不同专业对英语的需求会有区别，即使是同一专业的学生也可能会在英语学习上存在较大的差异，这种差异在高职公英教学中特别突出。这些差异化的需求需要教师采取针对性的措施，教材可在编写设计中采取必要的措施，辅助教师进行差异化教学，尽可能满足不同入学水平、不同学习需求、不同教学方式的需要。《领航职业英语》所做的主要安排包括：1）每个单元包括课内和课外两部分，课外部分可供课外自学也可用于课内拓展教学；2）听、说、读、写、译均采用模块化编排，可选择使用和以不同的顺序使用具体的模块；3）起点词汇和口语活动提供两个水平供选择，可根据学生基础选择不同的起点或者从低水平循序渐进到高水平。

3.3 折衷理念

《领航职业英语》系列教材的编者基于一线教学体验和数十本教材的编写经验，秉承折衷主义教学理念，如语法翻译法、听说法、情景法、任务法等，采用了多元大纲，包括主题大纲、技能大纲和交际大纲，以期发挥最好的教学效果。

具体来讲，每个单元选取一个职场主题，两册共16个主题基本反映了学生将来的工作轨迹，每个单元所有的模块都围绕这一主题展开；单

---

② 根据Krashen 2022年5月线上报告的观点 "Input must be INTERESTING. Best is COMPELLING comprehensible input: so interesting you forget it is in another language"。

元内的模块以阅读、听说、写作、翻译五项技能的训练为主，技能的训练根据语言习得理论采用先输入后输出的方式；在技能训练中，特别关注产出能力的培养，即学生在典型工作场景中用英语进行交际的能力。此外，还保留了翻译练习、句型操练等被证实有效的方法。

4. 结　语

好的教材在外语教学中起着举足轻重的作用，基于课标编写教材是外语教材编写的一个重要路径。《高等职业教育专科英语课程标准（2021年版）》具有"三新一多"的特点，对高职公英教材的编写提出了新要求。《领航职业英语》坚定贯彻立德树人任务，采用多元大纲和折衷主义思想，全面落实新课标在核心素养、课程结构、课程内容等方面的要求，同时全面继承了高职外语教育在职业特色、语言规律、差异需求方面的优良传统，是基于课标编写教材的有益尝试。

当然，在教材中落实新课标的思想和要求是一个渐进的过程，不太可能一蹴而就。新课标提出四个高职公英学科核心素养，如何在教学及教材中落实这些素养，特别是如何强化自主学习完善和语言思维提升，可能还需要进一步的理论探索，更需要在教学实践中摸索出具体的措施。《领航职业英语》虽然有一些原创性的措施，但可能不系统、不深入，需要根据理论探索成果和实践经验进一步完善。新课标规定了六大内容要素，《领航职业英语》组织这些要素的方法仅是一家之方。期待在基于课标编写高职公英教材的三个基本原则的指导下，有更多富有创意的尝试，共同促进课标在教材中的落地和高职公英教材质量的稳步提升。

参考文献

[1] Garton S & Graves K. *International Perspectives on Materials in ELT* [M]. Beijing: Foreign Language Teaching and Research Press, 2021.

[2] Harwood N. *English Language Teaching Materials: Theory and Practice* [M]. Beijing: Foreign Language Teaching and Research Press, 2013.

[3] McDonough J & Shaw C. *Materials and Methods in ELT* [M]. Oxford: Blackwell Publishing, 2003.

[4] McGrath I. *Materials Evaluation and Design for Language Teaching* [M]. Shanghai: Shanghai Foreign Language Education Press, 2016.

[5] McGrath I. *Teaching Materials and the Roles of EFL/ESL Teachers: Practice and Theory* [M]. Beijing: Foreign Language Teaching and Research Press, 2021.

[6] Zhang L J，刘艳红. 从大学英语教材词汇看《大学英语课程教学要求》的指导意义[J]. 中国大学教学，2015，(5)：87-92.

[7] 蔡基刚. 课程思政与立德树人内涵探索——以大学英语课程为例[J]. 外语研究，2021，(3)：52-57.

[8] 常小玲. "产出导向法"的教材编写研究[J]. 现代外语，2017，(3)：359-368.

[9] 程晓堂. 高中英语学业质量标准研究[J]. 课程.教材.教法，2018，(4)：64-70.

[10] 程晓堂，孙晓慧. 英语教材分析与设计[M]. 北京：外语教学与研究出版社，2011.

[11] 姜大源. 职业教育：类型与层次辨[J]. 中国职业技术教育，2008，(1)：1，34.

[12] 姜大源. 跨界、整合和重构：职业教育作为类型教育的三大特征——学习《国家职业教育改革实施方案》的体会[J]. 中国职业技术教育，2019，(7)：9-12.

[13] 李荫华. 大学英语教材编写回眸：实践与探索[J]. 外语界，2021，(6)：31-37，89.

[14] 刘道义. 论影响外语教材建设的重要因素[J]. 课程.教材.教法，2020，(2)：64-71.

[15] 刘正光，郭应平，施卓廷. 主题统领二次开发实现课程思政、思辨能力与语言能力三位一体培养新目标[J]. 外语教学，2023，(4)：56-62.

[16] 马俊波，王朝晖，凌双英，周瑞杰.《高等职业教育专科英语课程标准（2021年版）》课程结构的理据和要点[J]. 外语界，2021，(5)：10-15.

[17] 梅德明，王蔷. 义务教育英语课程标准（2022年版）解读[M]. 北京：北京师范大学出版社，2022.

[18] 秦秀白. 继承传统、与时俱进、开拓创新——"新世纪大学英语系列教材"简介[J]. 外语界，2007，(6)：80-85.

[19] 孙有中. 课程思政视角下的高校外语教材设计[J]. 外语电化教学，2020，(6)：46-51.

[20] 孙有中. 中国外语教材建设：理论与实践[C]. 北京：外语教学与研究出版社，2021.

[21] 文秋芳. 大学外语课程思政的内涵和实施框架[J]. 中国外语，2021，(2)：47-52.

[22] 文秋芳，张虹.《高等职业教育专科英语课程标准（2021年版）》阐释——研制背景、过程与特色[J]. 中国外语，2021，(5)：4-11.

[23] 曾天山，马建华. 加强职业院校专业课教材建设 提高技术技能人才培养质量[J]. 中国职业技术教育，2020，(8)：5-9.

[24] 邹为诚. 英语课程标准研究与教材分析[M]. 北京：高等教育出版社，2017.

课程思政视角下日语精读教材中华文化融入与呈现研究

赵冬茜　李　晨

（天津外国语大学，天津 300204）

提　要：外语教材中的文化内容越来越受到关注。本研究以日语精读教材为研究对象，系统梳理了教材中的中华文化主题。研究发现，从学习阶段来看，基础阶段的教材较多地呈现了中华文化的内容，而高年级阶段教材出现大幅度下降的趋势。横向比较结果发现，基础阶段的A教材中华文化主题的数量和种类多于C教材，而高年级阶段的D教材多于B教材。

关键词：课程思政；日语精读教材；中华文化

Abstract: The cultural content in foreign language textbooks has received more and more attention. This study took Japanese intensive reading textbooks as the object of research and systematically sorted out the Chinese cultural themes in the textbooks. The study found that, in terms of learning stages, the textbooks at the basic stage presented more Chinese cultural content, while the textbooks at the advanced stage showed a significant decline. Cross-sectional comparisons revealed that Textbook A at the basic level had more Chinese cultural themes than Textbook C, while Textbook D at the advanced level had more than Textbook B.

Key words: curriculum ideology and politics; Japanese intensive reading textbooks; Chinese culture

---

基金项目：上海外国语大学外语教材研究院2022年外语教材研究项目"课程思政视角下日语精读教材中华文化融入与呈现研究"（项目编号：2022TJ0002）。

作者简介：赵冬茜，天津外国语大学日语学院教授，硕士生导师，研究方向：外语教材研究、跨文化研究；李晨，天津外国语大学日语学院硕士研究生。

1. 引　言

2019年，教育部印发了《普通高等学校教材管理办法》，对教材编写作出了明确要求：以马克思列宁主义、毛泽东思想、邓小平理论、"三个代表"重要思想、科学发展观、习近平新时代中国特色社会主义思想为指导，有机融入中华优秀传统文化、革命传统、法治意识和国家安全、民族团结以及生态文明教育（教育部 2019）。2020年，教育部印发了《高等学校课程思政建设指导纲要》的通知，明确指出要加强中华优秀传统文化教育。大力弘扬以爱国主义为核心的民族精神和以改革创新为核心的时代精神，教育引导学生深刻理解中华优秀传统文化中讲仁爱、重民本、守诚信、崇正义、尚和合、求大同的思想精华和时代价值，教育引导学生传承中华文脉，富有中国心、饱含中国情、充满中国味（教育部 2020）。同时，高校课程思政要融入课堂教学建设，作为课程设置、教学大纲核准和教案评价的重要内容，落实到课程目标设计、教学大纲修订、教材编审选用、教案课件编写各方面（教育部 2020）。在此背景下，外语教材中中华文化的融入与呈现开始受到关注。本研究选取上海外语教育出版社的日语精读教材作为分析对象，探讨日语专业的精读教材中有关中华文化的呈现与融入情况，揭示不同学习阶段中华文化的呈现趋势。

2. 文献综述

纵观现有的针对外语教材文化融入与呈现的研究文献，可以发现大部分研究成果重点关注教材中的（跨）文化内容，而鲜有聚焦中华文化内容的研究。从研究方法来看，主要以自建语料库和内容分析法为主。

例如，刘艳红等（2015）运用语料库方法，探讨了10套大学英语教材的文化内容，研究发现美英等国的文化内容占据主流，较为强势，而中华文化未得到应有的重视。康莉和徐锦芬（2018）对两套大学英语主流教材进行了内容分析，同样发现现行的大学英语教材中缺失用"地道"英语表述的母语文化内容。史兴松和万文菁（2021）采用内容分析法从文化类别、跨文化主题和商务语境三个层面对比分析了两套商务英语综合教程的跨文化元素。研究发现，国内原创教材比较注重阐释跨文化知识，国外引进教材较为重视跨文化商务交际能力方面的内容。张军等（2022）通过自建语料库考察了《大学思辨英语教程》四册教材的课文语篇。文章采用语料库语言学的研究方法，利用语料库语义标注、分析工具Wmatrix4对教材语篇开展分析。李加军（2023）运用内容分析法对基于跨文化教育理念编写的《大学跨文化英语综合教程》呈现的（跨）文化信息进行了定量分析。

和大量的（跨）文化内容研究相比，仅有一小部分研究成果聚焦了外语教材中的中华文化呈现。例如，张虹和于睿（2020）选取了两个出版社的四套大学英语教材，分析了教材中华文化呈现的内容和方式。研究结果显示，教材呈现的中华文化内容主要涵盖现代文化和传统文化，同时，教材呈现中华文化的方式以翻译和选词填空这类隐性呈现为主。

另一方面，现有的研究成果主要以英语教材为主，小语种教材的研究成果较少。目前的研究中，赵冬茜（2021）运用解读式内容分析法，从跨文化内容分布的角度分析了教材中语言交际、非语言交际和价值观的具体情况，并探讨了其对中国日语专业教材开发建设的启示和借鉴。葛囡囡（2022）和谈佳（2022）在张虹等（2022）外语教材文化呈现分析框架的基础上，分别对德语教材和法语教材进行了文化呈现的研究。郑峻（2021）通过自建语料库，运用AntConc软件，对德语精读教材语料库中中华文化及中国贡献的呈现进行数据处理，探讨了文化练习设计与跨文化意识四层培养目标的吻合性。

习近平（2014）指出，优秀传统文化是一个国家、一个民族传承和发展的根本，我们要善于把弘扬优秀传统文化和发展现实文化有机统一起来，紧密结合起来。通过对相关文献的梳理，我们认为外语教材中有关中华文化呈现的研究亟待增加。同时，除了对英语教材的分析，还应进一步加强小语种教材研究。特别是中日两国一衣带水，培养文化素养的教育战略进一步凸显了日语教材中华文化呈现研究的必要性。

3. 研究概要

3.1 研究问题

本部分结合上述文献综述，提出两个研究问题：1）日语专业精读教材中呈现了哪些中华文化主题？2）日语专业精读教材所呈现的中华文化主题在不同学习阶段有何趋势和特点？

3.2 研究对象

本文选用了上海外语教育出版社出版的日语专业精读教材，分别是《新编日语（重排本）》（1-4册）、《高级日语》（1-4册）、《日语综合教程》（1-8册），覆盖本科一至四年级的学习阶段。这些教材贯彻日语专业教学大纲，由知名高校的一线教师编写，且有经验丰富的日语教育专家参与，内容更加符合中国日语教学的规范与标准。同时，教材的使用范围广，在各级院校中的使用比例高，具有广泛的影响力。教材的具体信息如表1所示。

表1 日语专业精读教材

教材	学习阶段
《新编日语（重排本）》（1-4册） 以下称"A教材"	基础阶段（本科一、二年级）
《高级日语》（1-4册） 以下称"B教材"	高年级阶段（本科三、四年级）
《日语综合教程》（1-4册） 以下称"C教材"	基础阶段（本科一、二年级）
《日语综合教程》（5-8册） 以下称"D教材"	高年级阶段（本科三、四年级）

3.2.1 A、B教材的主要信息

A教材的1-2册着眼于打基础，培养扎实的听说读写译技能；3-4册的语境更加真实，着眼于当今日本与中国的现实社会，极具时代感，目的是培养初步的跨文化交际能力。1-2册每册20课，每课由前文、会话、解

説、読解文、練習构成。前文是每课的引子，供朗读及连贯叙述练习；会话是连贯性对话，用于听说训练；解说部分说明该课的语言现象，如语法、句型、词组及惯用语等；读解文没有新的语法现象，主要目的是扩大词汇量，提高读写能力；練習部分包括机械练习和活用练习，兼顾各项技能的锻炼。3-4册每册18课，第三册分为现代生活、学校教育、时代印象、影视媒体四个专题；第四册分为日本文化、日本社会、日语学习、中日友好四个专题。3-4教材每课由本文、会话、应用文、言葉と表現、練習构成。本文提示当课主题，供朗读及连贯叙述练习；会话是与"本文"相关的连贯性对话，主要用于听说训练；应用文是介绍日本自然、文化及社会的文章，与当课主题相关；言葉と表現说明该课的语言现象；練習包括机械练习和活用练习，兼顾各项技能的训练。

B教材也分为1-4册，由中方专家和日方专家合作编写而成，着眼于跨文化交际。每册教材均由本文、新出単語、文化・社会、表現、使い分け、練習等内容构成。本文部分是名家名篇，以散文、随笔为主；新出単語是主课文中出现的新单词；文化・社会是主要介绍日本文化、社会的短文；表現部分说明该课的语言现象；使い分け是对相近语言现象的辨析；練習部分用以巩固本课所学语法现象，加深对课文的理解。

3.2.2 C、D教材的主要信息

《日语综合教程》共8册，1-4册为基础阶段精读课教材，在本研究中称为"C教材"，既注重日语基础知识的传授和听说读写等基本技能的训练，又兼顾实际语言运用能力的培养，丰富学生的日本社会文化知识，为高年级阶段学习打下坚实的基础。每课由本文、会话文、新出単語と語句、文法と文型の学習、練習、コラム等内容构成。

这套教材的5-8册是高年级阶段的精读教材，在本研究中称为"D教材"，在进一步提升学生语言能力的基础上，培养学生较高层次的跨文化交流能力，为学生打下一定的学术功底。在注重传授语言知识、训练语言技能的同时，又介绍日本的文化、文学以及初步的日语语言学知识。每课由本文、注释、新しい言葉、言葉の学習、表現の学習、練習、文学・語学の豆知識、読み物等部分构成。

3.3 研究方法

3.3.1 文化主题的分类

本文旨在对教材中中华文化主题的分类进行考察，并将分析结果和大学英语教材及对外汉语教材中的中华文化主题进行对比。关于中华文化的分类和研究，目前主要有两种（见表2）。第一种是张虹和李晓楠（2020）对中华文化的分类，即将中华文化分为传统文化、革命文化和现代文化（2020：44）。张虹和李晓楠（2020）在一级编码的基础上，采用Byram的分类进行二级编码，最终将二级编码划分至三类主题之中。第二种是周小兵等（2019）开发的中华文化项目表，将中华文化分为国情、日常、成就、实践（交际）和观念等"五类主题"（p. 55）。周小兵等（2019）除了上述第一层的五个文化项目以外，第二层有46个项目①，第三层有212个项目。

表2 大学英语教材和国际汉语教材的文化主题分类

教材种类	文化主题				
大学英语教材 （张虹、李晓楠，2020）	传统文化		革命文化		现代文化
国际汉语教材 （周小兵、谢爽、徐霄鹰，2019）	国情	日常	成就	实践（交际）	观念

本研究主要侧重教材中的中华文化呈现，采用自下而上的方式逐级编码，在分析考察中华文化项目的基础上，探讨日语专业精读教材有关中华文化的呈现特点和趋势。自下而上编码并形成文化主题的分类方式更加贴近教材的实际数据，能够更加真实地反映教材的内容，而不是预设的理论分类。在自下而上的编码过程中，我们可以根据实际内容细化和调整分类，从而更好地捕捉教材中细微的文化差异。同时，根据三级编码细致的分类层次，我们还可以深入探讨具体文化内容，使生成的分类方式更具解释力。

---

① 第二层的46个项目的详情请参见周小兵、谢爽、徐霄鹰（2019：55）。

3.3.2 编码原则

笔者将16本教材的内容全部导入NVivo质性分析软件。分析对象为每课的语篇部分。A教材的1-2册为前文、会话、读解文部分，3-4册为本文、会话、应用文部分。B教材的1-4册为本文、会话文、文化・社会部分。C、D教材的本文、会话文、コラム、読み物部分。

本文以课文语篇为分析单位，考察中华文化在教材中的呈现。本文主要聚焦于教材中出现了哪些文化主题，不分析计算文化主题的出现次数。

在编码过程中，本文采用扎根理论自下而上的三级编码方式。具体步骤如下：1）开放式编码，即一级编码，将课文篇章里中华文化的相关内容进行编码；2）关联式编码，即二级编码，将一级编码中意义相近的概念进行合并，生成基本范畴；3）核心类属，即三级编码，在二级编码的基础上进一步凝练出核心范畴。

表3 三级编码示例

核心类属	关联式编码	开放式编码	具体内容
特色文化	节日假日	春节	春節のある日、留学生の高橋さんが李さんの家を訪ねました。
		新年	その日には新年を祝う特別講演があります。
	戏曲舞蹈	京剧、地方戏	京劇や地方劇などがあります。
		民族舞蹈	バレエと民族舞踊があります。

如表3所示，课文语篇中出现的篇章如"春節のある日、留学生の高橋さんが李さんの家を訪ねました。（春节假期的某天，留学生高桥拜访了小李的家。）"的具体内容作为一级编码编为"春节"；如"その日には新年を祝う特別講演があります。（那天有庆祝新年的特别演讲。）"的具体内容作为一级编码编为"新年"。又如"京劇や地方劇などがあります。（有京剧和地方戏。）"的具体内容编为"京剧"和"地方戏"；"バレエと民族舞踊があります。（有芭蕾和民族舞蹈。）"编为"民族舞蹈"。在一级编码的基础上，进而将"春节"和

"新年"归为"节日假日"的二级编码。"京剧""地方戏"和"民族舞蹈"归为"戏曲舞蹈"的二级编码。同样，在二级编码的基础上，将"节日假日"和"戏曲舞蹈"归纳到"特色文化"的核心范畴之下。

在编码过程中，本文先由另外两名研究人员同时编码并进行Kappa值检验（见表4），如果编码没有出现差异，则编码名称确定；如果出现差异，再由本文的两名作者及时沟通、反复商讨，直到取得统一意见，确定编码名称。

表4 部分编码Kappa值示例

材料来源大小	Kappa	一致(%)	A和B(%)	且非B(%)	不一致(%)	且非B(%)	且非A(%)
319页（233754个字符）	1	100	0	100	0	0	0
319页（233754个字符）	0.5	99.66	0	99.66	0.34	0	0.34
319页（233754个字符）	1	100	0	100	0	0	0
319页（233754个字符）	0.5	99.99	0	99.99	0.01	0	0.01
319页（233754个字符）	1	100	0	100	0	0	0
319页（233754个字符）	0.5	99.99	0	99.99	0.01	0	0.01
319页（233754个字符）	1	100	0	100	0	0	0
319页（233754个字符）	0.5	100	0	100	0	0	0
319页（233754个字符）	1	100	0	100	0	0	0
319页（233754个字符）	0.5	99.95	0	99.95	0.05	0	0.05
319页（233754个字符）	1	100	0	100	0	0	0
319页（233754个字符）	0.5	99.88	0	99.88	0.12	0	0.12

4. 研究发现与讨论

4.1 A教材的文化主题

根据上述编码原则，研究团队在对A教材编码后，得出9个核心类属，共计159个中华文化主题（见表5）。按照涵盖中华文化主题的数量由多到少依次为：知名的人（事）和地点（31）、特色文化（22）、日常生活（19）、旅游观光（18）、社会发展及问题（17）、饮食文化（16）、语言文学（15）、中日关系与历史（12）、风俗习惯（9）。

表5 A教材的文化主题

核心类属	轴心式编码	开放式编码
知名的人（事）和地点（31）	知名事物（9）	北京大学，北大日语系，第一八佰伴，乒乓球，长江，杏花楼，北京奥运会，上海世博会，汶川地震
	知名地点（8）	和平饭店，虹桥机场，浦东机场，浦东世纪公园，人民广场，世纪大道，世贸中心，中国第一的盆栽园
	著名人物（7）	鉴真，徐福，一山，秦始皇，唐三藏，李白，王维
	著名城市（7）	北京，青岛，上海，苏州，无锡，宁波，扬州
特色文化（22）	休闲娱乐（7）	中国邮票，围棋，文房四宝，中国钢笔，熊猫玩具，中国的报纸，中国剪纸
	节日假日（5）	春节，国庆节，新年，元旦，五一黄金周
	名胜古迹（4）	寒山寺，虎丘，五百罗汉，西园
	戏曲舞蹈（3）	地方戏，京剧，民族舞蹈
	曲艺（3）	相声，小品，杂技
日常生活（19）	交通出行（7）	乘坐公交车，出租车公司，磁卡票使用方法，打车方法，地铁金额，交通卡，上海地铁
	城市面貌（5）	城市的能量，大家的笑脸，加深新朋旧友的友情，早上的人和自行车，装满货物的卡车
	生活中的注意事项（5）	外国人在中国的乘车窍门，乘车发票，公共场合使用电话要注意，开车不能打电话，拍照注意肖像权问题
	度量衡（2）	元角分，中国古时候用贝壳做货币
旅游观光（18）	观光景点（13）	滨江大道，东方明珠电视塔，环球金融中心，黄浦江，卢浦大桥，浦东，上海的夜景，狮子林，世纪公园，外滩，上海南京路，上海豫园，上海中心
	观光政策（5）	改革开放，观光项目，中国的观光资源，中国的国土面积，中国的友好旅游年
社会发展及问题（17）	社会发展（8）	改革开放，经济高速发展，浦东开发区，上海的发展变化，生活的现代化，外食产业，小家庭少子化，3G电话
	现代化发展（5）	安全的生活环境，磁悬浮列车，建高楼，交通灯，神舟号宇宙飞船
	社会问题（4）	大气污染，公害问题，噪音问题，交通问题
饮食文化（16）	各地料理（4）	北京料理，上海料理，四川料理，苏州料理
	速食品（3）	速食品受欢迎，有很多方便面和真空包装食品，中国有很多速食品
	饮食特点（3）	饮食模式，中国的杯子，中国的主食
	酒和茶（3）	中国茶，中国酒，青岛啤酒
	食物名称（3）	北京烤鸭，咕咾肉，饺子

（续表）

语言文学（15）	文字与表达（6）	文字在4世纪从中国传入日本，中日文书写差异，和钱相关的汉字都是贝字旁，中文也有类似表达，中国的汉字难，汉语的四声
	文学作品（5）	曹冲称象，新西游记，阿部仲麻吕的望乡诗，中国的书，中国的现代小说
	熟语成语（4）	吃水不忘挖井人，画蛇添足，千里之行始于足下，水到渠成
中日关系与历史（12）	国际关系（7）	1952年中日民间贸易协定，1962年半官半民的中日综合贸易备忘录，1972年中日邦交正常化，甲午战争，九一八事变，宁波与日本的交流，日本侵华战争
	日本的由来（3）	古代中国有记载，日语有很多来自中国的古书，圣德太子给中国的国书中对日本的称呼
	历史（2）	以史为镜面向未来，中日文化历史源远流长
风俗习惯（9）	不同场合的习惯（6）	餐前的客气说法，中国的结婚典礼，中国人结婚送的礼，放鞭炮为逝者祈福，递烟，中国人热情询问外国人
	餐桌风俗（3）	加菜，劝酒，中国人酒量

　　根据表5统计结果可以发现，A教材中，有关知名的人（事）和地点的文化主题最多，共计31个。其中所涵盖的事物、人物、地点和城市的数量分布较为平均。其中，知名事物和地点的文化主题中，北京和上海的主题占据大多数，尤其是知名地点罗列了上海的很多内容。在这一核心类属中，著名人物均为古代人物，著名城市也多为以上海为中心的华东地区城市。

　　在"特色文化"这一核心类属中，除了较为常见的中国节假日等假期以外，教材中还介绍了中国的邮票、围棋、钢笔、报纸、剪纸等颇具中国特色的休闲物品，以及戏曲舞蹈、曲艺等中国传统文化主题。在名胜古迹的介绍中，涉及了寒山寺、虎丘、西园等主题，这些文化内容虽然不像长城、故宫那样脍炙人口，但作为中华文化的特色代表也是不可或缺的。

　　在A教材的内容中，除了各类教材中比较常见的旅游观光、饮食文化等文化主题以外，还涉及了社会发展的问题，以及中日关系与历史的相关内容。教材在展示中国的改革开放带来的经济发展以外，还提及了随之而来的大气污染、公害、噪音、交通等社会问题，教材的文化内容呈现也因此显得客观、合理。另一方面，教材在回顾中国的部分城市自古以来和日本的交流的同时，还具体呈现了1952年中日民间贸易协定、1962年半官半民的中日综合贸易备忘录以及1972年中日邦交正常化等里程碑式的历史事件。此外，教材还涵盖了中日之间的甲午战争、九一八事变以及日本的侵华战争等相关内容。这一点和英语教材有所不同：张虹和于睿（2020）在分析了四册大学英语教材的中华文化内容之后指出，"四册英语教材呈现的中华文化内容侧重现代文化，对传统文化和革命文化的关注度较低，尤其是革命文化，在全国用量大的教材B和D中均缺失"（p.45），且"最常通过课后练习中选词填空的方式呈现"（p.46），而本文中分析的A教材有关革命文化的内容均出现在重点学习的课文篇章当中。

A教材的"风俗习惯"这一核心类属中涵盖的文化主题虽然不多，但非常具有典型性。比如第二册单元二复习的読解文是一篇改编自《人民中国》的文章，文章记述了汶川地震中中国人民的同胞之爱。文章的最后提到："在场的学生父母按照当地的风俗鸣放了鞭炮，祈祷谭老师能够安眠"。又如第四册第十五课应用文中，来到上海的日本人了解到"递烟"是中国人表示友好的一种方式等内容，都是中国人日常生活中的典型文化特征。

4.2 B教材的文化主题

研究团队在对B教材编码后发现，和A教材的文化主题相比，B教材中所涉及的中华文化主题数量很少，第三册中没有涉及，第一、二、四册中也仅仅出现了3个文化主题。而这3个文化主题涵盖的文学作品、谚语熟语均为语言文学这一核心类属。

表6 B教材的文化主题

核心类属	轴心式编码	开放式编码
语言文学（3）	文学作品（2）	鲁迅《故乡》，寒山的诗句
	谚语熟语（1）	中国谚语

表6列出了B教材的文化主题。其中，鲁迅的《故乡》（竹内好译）作为一篇课文出现在第二册第九课，其单词部分出现了如「苫」（草帘子）「刺叉」（叉子、钢叉）「五行」（金、木、水、火、土五行）「缠足」（缠足、裹小脚）等具有中国特色的词汇。文学作品中还在第四册第三课的课文中举出了作者喜欢的唐代诗人寒山"寻究无源水，源穷水不穷"的诗句。解释为"人类自下游逆流而上，可以探究水的源头"，并认为这是一种科学的研究方法，即从结果探究原因，逐步追溯至事物的根本原因，认为"寻究无源水"可以说是具体的，且带有人性意味的诗句。第一册第十二课以拉丁语「フェスティナ・レンテ」（Festina lente）为题目，课文内容中提到了中国、意大利、英国、泰国、法国、德国等国家关于"欲速则不达"的谚语表达方式。

以上分析可以看出，B教材的文化主题主要集中于语言文学方面的内容。而且和A教材的文化主题相比，数量呈现大幅度下降的趋势。

4.3 C教材的文化主题

研究团队在对C教材编码后，得出7个核心类属，共计77个中华文化主题（见表7）。按照涵盖中华文化主题的数量由多到少依次为：知名的人（事）和地点（19）、饮食文化（18）、语言与翻译（16）、艺术与体育（7）、日常生活（6）、思想观念（6）、国家发展与问题（5）。

表7 C教材的文化主题

核心类属	轴心式编码	开放式编码
知名的人（事）和地点（19）	旅游观光（9）	泰山，黄山，天平山，张家界，九寨沟，三峡大坝，香港夜景，黄浦江夜景，西湖
	知名地点（7）	东方明珠塔，黄浦江，松江大学城，外白渡桥，外滩，上海图书馆，南京路
	知名城市（3）	北京，杭州，上海

(续表)

饮食文化（18）	食物名称（9）	炒白菜，炒饭，杏仁豆腐，芙蓉鱼翅，北京烤鸭，芙蓉燕窝，辣子鸡丁，酱油煮蛋，糖醋鲤鱼
	酒、茶、调料（5）	龙井茶，乌龙茶，青岛啤酒，中国绍兴酒，中国酱油
	饮食特点（4）	中国菜煎炒较多，中国菜也重视色香味，功德林素食饭店，中国人竖着放筷子
语言与翻译（16）	语言文学（6）	顾城12岁的诗，汉语是汉族的语言，现代诗，朦胧派诗人，中国少数民族都有自己的语言，周总理雨中岚山的诗碑
	中国文字及影响（4）	汉字从中国传入日本，平假名和片假名的由来，音读和训读，中国几千年以前就开始用文字记录知识
	中文典故（4）	近朱者赤近墨者黑，笨鸟先飞，龟兔赛跑，远亲不如近邻
	说法译法（2）	中国特色社会主义的说法，自由主义的翻译
艺术与体育（7）	艺术文化（6）	日本僧人从中国带回的茶道，十二生肖起源于中国，论语，书法，贺年片，100%真丝的围巾
	传统体育（1）	太极拳在日本受欢迎
日常生活（6）	寒暄问候（3）	问候内容的由来，以前的寒暄问候，最近的问候语
	假期特点（3）	旅行对中国人来说是理所当然的，周休两天，中国的假期
思想观念（6）	意识理念（3）	是否应该分文理的争论，天人合一的理念，新自由主义的由来
	中国人的思想（3）	中国人也好面子，中国人征服自然的意识，大学毕业后回国尽孝
国家发展与问题（5）	社会发展（2）	垃圾分类，附近发展
	产业经济（1）	上海有很多日资企业
	社会问题（1）	私家车增多导致交通问题
	国家形态（1）	56个民族构成多民族国家

通过表7可以看出，在7个核心类属中，知名的人（事）和地点的文化主题是19个，排在第一位。其中涵盖北京、上海和杭州三个城市，上海的一些地标性建筑，绝大多数则是中国的一些著名景点。在饮食文化中，不仅有中国著名的茶和酒，还出现了很多如"糖醋鲤鱼""辣子鸡丁"等具体的菜品名称，使得闻名中外的中华料理更加具象化。

在C教材中，"语言与翻译"这一核心类属占据了较大的比重，涵盖了诸如语言文学、中国文字、典故以及相关表达与翻译方法等内容。教材不仅包括诸如日语汉字书写与读音起源于中国的基础知识，还纳入了与时俱进的术语与翻译表达，例如中国特色社会主义等新时代特有的语言表达方式。

在"思想观念"类属中，内容既展现了宏观层面的征服自然的意识，也涉及微观层面的个体价值观念。例如，在第二册第十四课的课文中，"我"计划从日本的大学毕业后回国尽孝，照顾父母。这一情节深刻体现了中国文化中"百善孝为先"的传统思想观念，彰显了中国人在家庭伦理方面的价值取向。

4.4 D教材的文化主题

研究团队在对D教材编码后发现，高年级阶段的教材中所涉及的中华文化主题数量也少于基础阶段的文化主题。D教材的文化主题有三个核心类属：语言文学、政治与历史、景与物，共计37个文化主题，且语言文学涵盖的文化主题要远多于后两者。语言文学包含文学作品（6）、成语熟语（6）、汉字发音（5）、诗词歌赋（4）、诗人（2）。政治与历史包括历史文化（5）及中国古代政治事件（4），景与物则顾名思义指的是教材中出现的著名风景（2）和手工艺品（3）。

表8 D教材的文化主题

核心类属	轴心式编码	开放式编码
语言文学（23）	文学作品（6）	冯骥才作品，骆驼祥子，故乡，宋元文学，儒学兴盛，山月记
	成语熟语（6）	矛盾，塞翁失马，画蛇添足，推敲，五十步笑百步，狐假虎威
	汉字发音（5）	遣唐使吸收唐朝文化主张采用汉音，首都在长安因此是汉人的普通话，吴音，吴音与汉音，汉文训读
	诗词歌赋（4）	敕勒歌，春望，春晓，黄鹤楼送孟浩然之广陵
	诗人（2）	五山，许由

（续表）

政治与历史（9）	历史文化（5）	隋唐时期，象棋，雅乐，长安为都城，镰仓时代中日僧侣往来
	中国古代政治事件（4）	安史之乱，王莽篡汉，赵高毁秦，朱异败魏
景与物（5）	手工艺品（3）	成都是竹之都，川大附近的望江园，各种各样的竹制物品
	著名风景（2）	西湖十景，潇湘八景

表8列出了D教材的文化主题。在"语言文学"这一核心类属中，内容涵盖广泛，既包括古代的宋元文学，也囊括了现当代作家及其作品，此外还收录了篇章完整的经典古诗词，展现了语言文学发展的历史脉络与多样性。在"政治与历史"这一文化主题中，所涉内容则以古代中日交往和中国古代政治事件为主，集中体现了两国历史互动以及中国古代政治发展的重要节点与特征。

4.5 文化主题的整体考察

4.5.1 基础阶段教材的文化主题

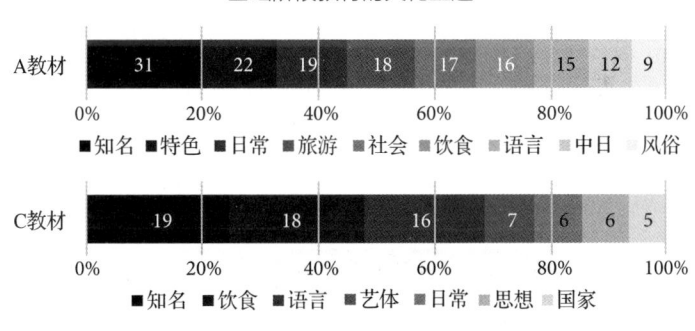

图1 基础阶段教材的文化主题

根据图1统计结果，我们可以看出A教材的文化主题种类更加多元，包含9个文化主题；C教材的文化主题种类相对集中，共有7个文化主题。A教材排在前三位的"知名的人（事）和地点""特色文化""日常生活"数量较多，显示出A教材对知名文化元素和日常生活场景的突出关注；C教材排在前三位的是"知名的人（事）和地点""饮食文化""语言与翻译"，同样显示出对知名文化元素的关注，同时也可以看出，饮食文化的呈现数量较高，略高于A教材的同类内容。A教材中特有的文化主题涵盖"特色文化""旅游观光""风俗习惯"等，显示出A教材在文化内容设计中更加注重中华文化的地域特色及社会背景的呈现；C教材包含了"艺术和体育""思想观念"等，突出了文化的内在价值与深层含义，更加强调文化内涵和思想性的体现。

A教材通过涵盖更多种类和更多数量的文化主题，展现出内容的多元和广泛，可以引导学生更加全面地了解中华文化，特别是文化生活中的具体场景。同时，A教材在"知名的人（事）和地点"和"特色文化"方面的较多数量表明其关注中华文化的显性特色，一些典型的代表性符号能够让学生快速了解中华文化，激发认同和共鸣。C教材虽然种类和数量少于A教材，但文化主题更集中于具体文化元素（如"饮食文化"）和抽象文化元素（如"思想文化"）。包含具体文化元素的基础文化主题有所拓展，同时引入抽象文化元素，可以帮助学生在学习过程中逐步接触抽象文化理念，激发其对目标文化更深层次的兴趣和思考，进一步探究中华文化的内涵。

4.5.2 高年级阶段教材的文化主题

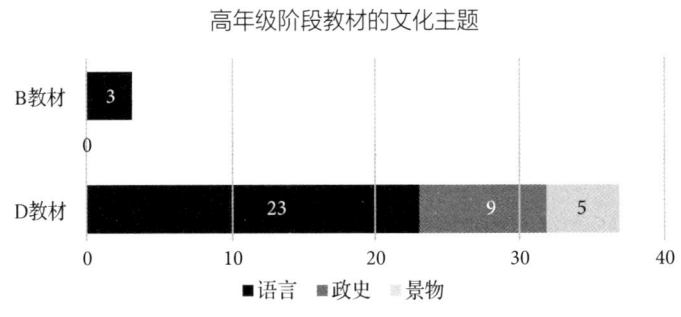

图2 高年级阶段教材的文化主题

图2呈现出高年级阶段教材中文化主题的特点。我们可以看出B教材仅包含"语言文学"这一文化主题，种类单一且数量也很少。D教材虽然不如基础阶段的C教材文化主题种类丰富，但也有三类文化主题，内容和

B教材相比更加多样化。同时，D教材的"语言文学"文化主题从数量上也是远远高于B教材（23：3），显示出其对语言文学的高度重视。D教材还呈现了"政治与历史""景与物"两类文化主题，丰富了高年级阶段中华文化内容的维度，而这些主题在B教材中是缺失的。

D教材的"语言文学"中不仅涵盖了B教材的文学作品和熟语谚语等内容，还新增了汉字的发音、诗人和诗词等，综合反映了中华文化的语言现象。同时，D教材的"政治与历史""景与物"等主题，进一步丰富了中华文化的内容。"政治与历史"可以帮助学生进一步了解中国的重要历史事件和社会背景；"景与物"则通过相关介绍，加强学生对中国地域文化的认知，能够提高他们对中华文化的综合理解。

根据以上分析，我们不难看出，日语专业精读教材在一、二年级的基础阶段较为详细地介绍了中华文化的内容，但到了三、四年级的高年级阶段，教材会更多地介绍日本的语言文化、文学作品、风俗习惯等。究其原因，可能在于两套教材的出版时间较早，特别是高年级阶段的教材，均于2018年之前出版。且根据现行的2000年版的高年级教学大纲要求，学生需要具备日语语言学、日本文学、日本社会文化等方面的基本知识，并没有强调中华文化在教学过程中的重要性及地位。

6. 结　语

本文以上海外语教育出版社出版的16册日语专业精读教材为研究对象，通过定量与定性相结合的研究方法，对教材进行了中华文化主题的统计和归纳。结果显示，基础阶段的教材均大量呈现了中华文化。而到了高年级阶段，对中华文化的呈现出现了大幅下降的趋势。横向对比来看，基础阶段的A教材中华文化主题的数量是C教材的两倍之多，且种类更加丰富。而高年级阶段的D教材的文化主题种类和数量均高于B教材，B教材只有"语言文学"。在未来的教材编写中，可以考虑增加高年级阶段教材中中华文化的呈现，丰富文化主题的种类和数量，更好地落实立德树人根本任务，加强课程思政建设。

参考文献

[1] 葛囡囡.中国德语教材文化呈现研究——以《当代大学德语》为例[J].外语教育研究前沿，2022，(4)：61-68.

[2] 教育部.普通高等学校教材管理办法[S].北京：教育部办公厅，2019.

[3] 教育部.高等学校课程思政建设指导纲要[S].北京：教育部办公厅，2020.

[4] 康莉，徐锦芬.大学英语教材中的文化自觉及其实现[J].外语学刊，2018，(4)：70-75.

[5] 李加军.大学通用英语教材的（跨）文化呈现研究[J].外语界，2023，(1)：66-75.

[6] 刘艳红，Zhang L J，May S.基于国家级规划大学英语教材语料库的教材文化研究[J].外语界，2015，(6)：85-93.

[7] 史兴松，万文菁.中外商务英语教材跨文化元素对比分析[J].外语教育研究前沿，2021，(2)：50-56.

[8] 谈佳.法语（修订本）的文化呈现研究[J].外语教育研究前沿，2022，(4)：53-60.

[9] 习近平.从延续民族文化血脉中开拓前进 推进各种文明交流交融互学互鉴——在纪念孔子诞辰2565周年国际学术研讨会暨国际儒学联合会第五届会员大会开幕会上的讲话[J].党建，2014，(10)：4-7.

[10] 张虹，于睿.大学英语教材中华文化呈现研究[J].外语教育研究前沿，2020，(3)：42-48.

[11] 张虹，李晓楠.高中英语教材文化呈现研究[J].外语教育研究前沿，2022，(4)：42-52.

[12] 张军，刘艳红.教材语篇的文化内涵——一项基于语料库的大学思辨英语教程研究[J].中国外语，2022，(1)：90-97.

[13] 赵冬茜.跨文化视域下基础日语教材研究——以基础日语综合教程为例[J].高等日语教育，2021，44-51.

[14] 郑峻.指南视域下高校德语精读教材的思政功能：基于语料库的分析[J].外语教育研究前沿，2021，(1)：69-76.

[15] 周小兵，谢爽，徐霄鹰.基于国际汉语教材语料库的中华文化项目表开发[J].华文教学与研究，2019，(1)：50-58.

新课标视域下中学德语教材《快乐德语》中的文化呈现及教材使用策略研究

冯晓文[1]　方　舟[2]　宋　洋[3]

（1. 常熟伦华外国语学校，江苏常熟 215500；2. 洪堡大学，德国柏林 10099；3. 苏州科技城外国语高级中学，江苏苏州 215163）

提　要：文化意识是外语学科核心素养之一。本研究聚焦中学德语学科文化意识培育，以国内中学普遍使用的德语教材《快乐德语》为研究对象，分析教材中的文化呈现，结合对教材使用者的问卷调查结果，分析学生文化意识培育方面存在的问题与教材文化呈现之间的关联，提出新课标视域下现有教材的使用策略，并尝试以情境构建作为具体实施路径，以促进中学德语课堂文化意识的培养。

关键词：中学德语教材；文化呈现；文化意识；教材使用策略；新课标

Abstract: Cultural awareness is one of the core competencies in foreign language education. This study focuses on the cultivation of cultural awareness in secondary school German language teaching, with a focus on the *Prima Plus* textbook, which is widely used in Chinese secondary schools. By analyzing the cultural presentation in this

---

基金项目：上海外国语大学外语教材研究院外语教材研究项目"中华文化在中学德语教材《快乐德语Prima Plus》中的融入方式及课堂呈现方式探究"（项目编号：2023JS0008）。

作者简介：冯晓文，硕士，常熟伦华外国语学校教师，中学一级教师，研究方向：中学德语教学，跨文化研究；方舟，洪堡大学日耳曼语言文学系在读博士生，研究方向：德语文学史书写，德语文学学科发展史；宋洋，硕士，苏州科技城外国语高级中学国际部教师，中学一级教师，研究方向：德语教学法。

textbook and combining the results of a survey on its users, the study explores the issues related to the cultivation of cultural awareness and their relationship with the cultural content presented in the textbook. Based on the findings, the study proposes textbook usage strategies under the new curriculum standards and introduces contextualization as a specific implementation approach to enhance cultural awareness in secondary school German classrooms.

Key words: secondary school German textbook; cultural presentation; cultural awareness; textbook usage strategies; new curriculum standards

1. 引　言

2020年修订的《普通高中德语课程标准》（以下简称《新课标》）将文化意识列为核心素养之一，明确要求在中学生外语学习进程中增强其文化自信，注重持续提升跨文化交际能力，继承和弘扬中华文化，重视讲好中国故事。然而，当下中学德语教学在文化意识培养上面临着诸多挑战。当前，国内开设德语课程的中学总计达200余所[①]，鉴于国内尚未自主开发出面向中学德语学科的完整系列教材，多数学校仍使用德国原版引进教材。此类教材虽然在语言教学方面有其优势，但在文化呈现上存在显著局限性，在极大程度上对德语教学培养学生的中华文化能力形成制约，极易催生"中华文化失语"现象（从丛 2000）。

鉴于上述情况，本研究以当下中学德语学科普遍使用的《快乐德语》（*Prima Plus*）教材第一、二册（本文简称为《快乐德语》）为例，聚焦三个问题：（1）教材呈现了哪些文化内容，呈现方式有何特点？（2）新课标视域下，中学德语学科学生作为教材使用者，在文化意识培育方面现状如何，与教材的文化呈现有何关联？（3）如何针对现有教材采取更有效的教材使用策略？

---

① 数据来源：《全球德语学习情况报告（2020）》。

本文旨在探究新课标视域下中学德语教材在文化呈现上的特点和局限性，从教材使用者的角度分析文化意识培养的现状，在此基础上提出"四元聚焦"的教材使用策略以及基于情境构建的具体教学路径，旨在推动中学德语教学在文化意识培养方面的改革和创新，提升学生的跨文化能力，同时为未来中学德语教材的开发以及课程设计提供富有价值的参考。

2.《快乐德语》教材中的文化呈现

文化呈现内容指教材中呈现了什么文化。依据张虹的外语教材文化呈现内容分析框架（张虹，李晓楠 2022），可从三个维度对文化内容进行统计和分析，一是文化地域角度，分析具体呈现了哪些国家的文化，二是关注具体的文化类型，三是文化呈现的方式，主要分显性和隐性两种。显性文化呈现指明显以文化为主题的阅读语篇、听力语篇和视频语篇，以及专门呈现文化知识的板块等。隐性文化呈现则指文化内容在任务或者练习中呈现。考虑到《快乐德语》第一、二册为初学阶段，教材中的语篇以交际题材的简短文本为主，本研究将借助照片、视频等形式进行多样化、叠加式文化呈现的语篇、语言练习和任务视为显性呈现。

引进版的教材《快乐德语》[②]目前在国内中学被普遍使用，是一套面向青少年德语学习者的立体化教材。本研究对《快乐德语》教材第一、二册共14个主题单元、共计208处文化呈现进行了梳理编码（见表1），从地域文化、文化类型、显性及隐性呈现三个角度进行统计与分析，以探究教材中文化呈现的特点及其在国内德语教学中的局限性。

[②] 2010年由上海外语教育出版社从德国康乃馨出版社引进，2021年再次修订。教材遵循"欧洲语言共同参考框架"标准编写，除学生用书外还包含练习册、词汇手册、教师手册、补充资源、官方视频等丰富的配套教学资源。

表1 《快乐德语》中文化呈现内容及方式的分类编码统计（示例）

编号	来源	单元	页码	版块	呈现方式	呈现内容			内容描述
						一级分类（文化地域）	二级分类（文化类型）	三级分类（具体内容）	
1、2、3、…	课本；练习册；官方视频；教师手册；补充资源	1、2、3、…	1、2、3、…	图片/视频；语篇；知识拓展板块；语言练习；活动	显性；隐性	母语文化；目标语国家文化；国际文化；共有文化	文化产品；文化实践；文化观念；文化社群；文化人物	旅游景点；德国饮食；学校生活；衣着服饰；休闲娱乐；（等）	如：德国学校学科和社团课

研究发现三个方面的主要特点：

1）**目标语国家文化占主导，地域文化分配不均衡**。由表2可知，整体上，《快乐德语》呈现了较为丰富的德语国家及欧洲国家地理知识，目标语国家文化呈现占比高达79.3%。编者着重呈现DACH的概念，即德国、奥地利、瑞士作为主要的德语国家，而非单一的德国。每一本教材最后附德语国家（德国、瑞士、奥地利）地图以及欧洲国家版图。文章中的人物多有移民背景：他们来自欧洲其他城市，现居德国。整体上，《快乐德语》呈现了较为丰富的德语国家及欧洲国家地理知识。

由于《快乐德语》是面向世界不同文化德语学习者的通用基础语言教材，因此，教材中涉及学习者母语国家的文化呈现非常少，占比仅11.1%。在各个单元中，教材的语篇往往先描述德语国家文化，紧接着在语言练习中，编者通过简单且笼统的提问"在你的国家是什么样子的？"，请德语学习者用德语描述自己的母语文化，包括学校生活、家庭状况、家乡特色菜等，旨在引起学习者将母语国家文化和目标语国家文化进行简单的联想对比。然而由于教材中的语篇聚焦德国人的本土生活或是欧洲人前往德语国家旅游的情形，无法提供例如中国学生去德国或者德国人来中国的跨文化交流场景，亦无法形成中德跨文化对话及交流的视角。

表2 《快乐德语》中不同地域文化的呈现情况

计数 \ 文化地域	目标语国家文化	母语文化（包含与目标语国家文化对比）	国际文化	共有文化	共计
出现次数	165	23	17	3	208
占比	79.3%	11.1%	8.2%	1.4%	100%

2）**文化产品与实践较丰富，但文化类型覆盖不全面**。由表3可知，《快乐德语》中呈现的文化类型主要为文化实践和文化产品，包括特色食

物、风景、生活方式等，基本展现了目标语国家的日常生活。在文化社群方面，教材在一定程度上呈现了德语国家内部各个区域及城市在语言、饮食、节假日上呈现出的地域多样性。然而，教材呈现的文化观念极少，共计只有三处：德国中学生对时尚的态度采访、德国人对于吃"零食"的态度、德国青少年及伊拉克移民对过生日的看法，后两处均只在补充材料中呈现。另外，教材未呈现任何德语国家历史、科学、哲学、文学、艺术等领域具有代表性的人物，这对于中国的德语学习者而言，颇为遗憾。整体上，教材所呈现的文化较为浅显，限制了中国的德语学习者对德语国家丰富、多元的文化进行多角度的认知。

表3 《快乐德语》中不同类型文化的呈现情况

文化类型	文化产品	文化实践	文化观念	文化社群	文化人物	共计
出现次数	54	121	4	29	0	208
占比	26%	58%	2%	14%	0%	100%

3）**显性与隐性呈现相结合，但文化理解引领不深入**。在呈现目标语文化的语篇中，89.5%的语篇直接显性地展现了德语国家的饮食、学校、家庭、生活方式，少量语言练习要求学习者用德语介绍母语国的（饮食、学校生活、休闲娱乐、家庭等）情况，以此显性地思考和表达学习者的母语文化。

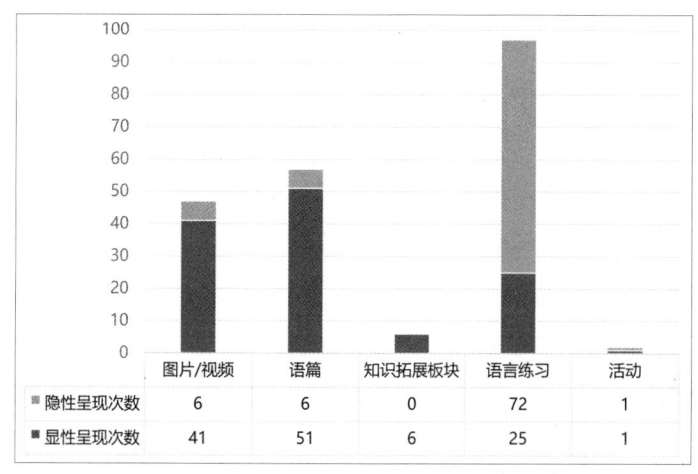

图1 《快乐德语》中文化的显性及隐性呈现情况

在练习册中，大量（66.1%）的语言练习注重语篇和照片相结合的形式呈现目标语国家的日常生活、旅游风景、节日习俗等各个方面的文化。但语言练习中母语文化涉及少，通常以问题形式引导学生进行反思，部分以活动形式引导学生进行汇报展示，个别涉及中德比较。只有4.3%的语言练习（共计4个）显性地呈现了母语文化（见表4），借助一些基础问题，让学习者用德语简单描述自己的母语文化，虽能触发中德文化间简单的联想对比，但在整理客观信息、聚焦对比角度、补充主题词汇、提供表达句型等方面，都缺乏支持，因而学生对于跨文化交流也缺少深入的理解和反思过程。

表4 《快乐德语》中显性呈现学习者母语文化的语言练习

单元主题	练习要求	练习形式
第4单元：学校生活	描述我在学校的日程	填写问卷
第4单元：学校生活	Timo和我的日程对比	连词成句及句子仿写
第9单元：饮食	中德一日三餐对比	表格填写
第9单元：饮食	写一篇短文介绍学生所在地区的特色菜	开放问题

3. 基于教材使用的中学德语学科学生文化意识培养现状及问题

《新课标》对中学德语教学中文化意识的培养提出了具体的要求，各个外语学科的新课程标准亦均明确强调作为核心素养的文化意识。其中，俄语学科的研究者们尝试建立了高中俄语学科文化意识培养的内容结构及观测体系。笔者借鉴了以沈倬丞为代表的俄语学科研究成果（沈倬丞 2021），基于新课标的阐述，从文化认知、文化理解、文化意识三个一级维度出发，分解出具体的二级、三级维度，以此为纲领，结合国内初中阶段的德语教学情况，设置具体的监测点，制定了德语学科的文化意识培养调查问卷，以全面评估中学德语学科使用《快乐德语》教学时在文化意识培养方面的现状（见表5）。问卷题型多样，包含了55道量表题、5道情景选择题和3道开放式情景问题，量表题最低分为1分，表示相应知识点完全未学过，最高分为5分，表示相应知识点学过并完全掌握。此次参与问卷人数为95人，均为初一至初三年级的中学生，初中阶段先后使用《快乐德语》A1.1和A1.2两本教材进行德语A1阶段的学习。

表5 中学德语学科文化意识培养调查的分析维度及具体监测点

目标（课标中关于文化意识的培养要求）	一级维度	二级维度	三级维度	具体监测点（举例）	题目编号	得分
对德语国家文化感兴趣，初步了解德语国家基本的社会文化知识	文化认知	德国基本的社会文化知识	了解德国的基本国情	德国著名山川、江河湖海等地理单位情况及德语表达	4	**2.11**
			了解常见的德语言语知识和礼节	德语的姓名及称呼表达（duzen和siezen）	9	3.60
			德国基本文化知识及相关德语表达	德国主要节日及其德语表达	12	**2.21**
能围绕与课程内容相关的主题进行初步的文化比较，初步知晓德语国家文化与中华文化的异同，初步感知和认识到文化的多元性	文化理解	对德语国家文化的理解	对德语国家语言的理解	了解德语语言的形成历史，认识德语特点，以及与汉语的不同之处	42	4.47
			对德语国家基本国情和文化的理解	关于与课程内容相关的主题，能认识到中德文化存在差异，并从德语国家文化的角度初步理解差异的原因	25	4.47
		对祖国文化的理解	对汉语的理解	通过比较德语、英语、汉语，认识汉语的特点	43	4.57
			对中国基本国情和文化的理解	关于与课程内容相关的主题，能认识到中德文化存在差异，并从中国的角度初步理解差异的原因	45	**2.64**
		初步感知多元文化	/	关注国际新闻和焦点问题，并有初步了解	30	4.03

（续表）

	文化意识	尊重、欣赏德语国家文化	/	尊重、欣赏德语国家文化	22	4.41
懂得尊重德语国家文化，初步形成多元文化背景下的中华文化主体意识，开始形成弘扬中华文化的责任意识	文化意识	开始形成弘扬中华文化的责任意识	情感认同：中华文化主体意识	热爱中华文化，坚守中华文化立场，具有民族自豪感	24	3.38
			行动表达：对祖国的基本国情能进行对应的德语表达	中国饮食文化及其基本德语表达	20	**1.94**
		多元文化意识	/	欣赏"差异之美"，能对文化差异做出正确的评价	39	**2.48**
		跨文化交际意识	跨文化交流和表达	乐于交际，具有与其他国家青少年交流的意愿	28	3.96
			跨文化思考	善于倾听，能站在对方的角度考虑问题	29	4.40
			跨文化合作	妥善处理交际中误解和冲突的意识	选择及简答	/

问卷调查结果显示如下现状及问题：

1）**态度积极包容，多元文化意识较强**。在"认同度""兴趣"和"跨文化交际"三个维度的监测中，学生们均表现出较高的分数，反映出其对德语文化持有正面的态度和开放的心态。例如，在22号问题"我愿意并希望了解德语国家人民的生活方式，觉得学习德语国家文化很有趣"上，学生的平均得分为4.41，显示了学生对德语国家文化有较高的兴趣，愿意接触和学习新的文化知识。

2）**国情知识匮乏，有效表达能力欠缺**。尽管学生们表现出了对德语国家文化的兴趣和一定的多元文化意识，但在了解德语国家基本国情（例如题目2、5、17的平均得分分别是2.48、2.24、1.82）和使用德语进行有效表达（例如题目20、39的得分分别是1.94、2.48）方面，得分较低。由此可见，学生们在理解德语国家文化的地理、政治、社会结构等方面有所欠缺。

3）**德语文化主导，弘扬中华文化困难**。由表6可知，在用德语描述学习者的母语文化方面，6个监测点对应的问题得分均非常低。学生很难在学习了《快乐德语》特定主题后，对相应主题的母语文化进行有效的德语表达。

表6 用德语对母语文化进行相应表达的得分情况

三级维度	具体监测点	题目编号	得分
行动表达：对祖国的基本国情能进行对应的德语表达	我国地理位置、国土面积、人口、民族等基本情况及其德语表达	15	**2.10**
	祖国山川、江河湖泊等一般地理单位和名胜古迹的德语表达	16	**1.82**
	对自己家乡的基本了解并能用德语简要介绍	18	**2.76**
	对本国人民基本生活、学校情况的德语表达	18	**2.76**
	我国主要节日及其德语表达	17	**1.82**
	中国饮食文化及其基本德语表达	20	**1.94**

通过上述分析可以得出结论，使用《快乐德语》的学生们在跨文化表达方面尽管对德语文化持开放态度并显示出跨文化交际的意愿，但是面临着双向的挑战：一方面是对德语国家基本国情知识及其德语表达的掌握不足，另一方面是用德语表达母语文化的能力明显有限。这两个问题与教材中的文化呈现特点存在着密切的关联。

一方面，《快乐德语》教材虽然以目标语国家文化呈现为主，但其内容以日常生活、旅游风景、节日习俗等为主，较少涉及德语国家的基本国情和社会结构等方面的知识，对这些国家的地理、政治、社会结构等内容的系统性介绍较少。此外，教材中的文化内容大多以照片、视频等显性方式直观呈现，缺乏深入的文化背景介绍和解释，导致学生虽然能够接触到大量的目标语国家的表层文化信息，但是对这些知识的掌握和德语表达颇为受限。

另一方面，《快乐德语》教材中的母语文化呈现匮乏且大多为隐性呈现。例如，教材中的一些语言练习会通过提问"在你的国家是什么样子的？"来引导学生进行母语文化的表达，但这种隐性呈现方式往往缺乏用德语表达母语文化的具体指导，学生很难在没有相关背景知识和词汇支持的情况下进行有效的表达。

这两个问题与《快乐德语》教材中文化呈现的局限性存在着密切的关联，学习者很难在德语学习中进行文化理解、文化比较、母语文化表达等深入的文化意识训练。因此，国内中学德语学科在使用《快乐德语》进行教学时，需要注意及时、有效地调整教材使用策略，以促进学习者文化意识的培养。

4. 四元聚焦：文化意识培养导向的教材使用策略

《新课标》规定了中学德语教学在文化意识方面的具体课程目标，主要包含四个方面：在文化认知上，学生应熟悉德语国家基本的社会文化和历史文化；在文化理解上，学生能讨论并评价德语国家文化与中华文化的异同；在跨文化交际上，学生应熟悉德语国家的交际特点，并可以初步分析跨文化交际中出现的问题；在文化意识上，学生应具备多元文化背景下的中华文化主体意识和文化自信，在跨文化交际活动中积极主动传播中华文化。如何将上述课程目标融入到具体的中学德语教学中，以有效弥补现有教材在文化意识呈现上的局限，笔者建议在使用《快乐德语》教材进行教学设计时，可采用"四元聚焦"的策略（见图2），以教材中的各个单元为单位，深入剖析主题，扩充更丰富的文化呈现方式，而在课堂教学过程中，教师应注重构建真实的跨文化交流情境，并注意提供德语的词汇和句型来辅助学生的表达。

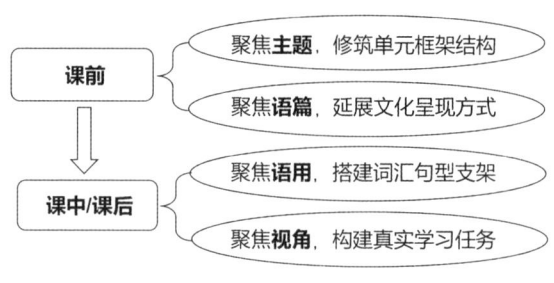

图2 "四元聚焦"教材使用策略

4.1 聚焦主题，修筑单元框架

4.1.1 单元解构，梳理语篇内容

在《快乐德语》中，每个教学单元皆以主题为导向，为学习者提供了丰富的语言学习素材及话题。笔者认为，在进行德语教学前，可以先从文化意识的角度拆解单元整体框架结构，并确定单元目标，在此基础上梳理出该单元每一个主要语篇所呈现的文化内容及文化类型，从而进一步对教材中的关键语篇结构化地进行母语文化的拓展呈现，进而全面提升单元主题下学习者对母语文化的思考能力。

4.1.2 目标引领，拓展主题内涵

教材呈现的文化主题以目标语国家的日常生活为主。对于中国青少年德语学生而言，建议以单元主题为引导，从更丰富的角度展现目标语文化，同时引导学生思考并表达自己的母语文化。除了教材中主导的文化呈现内容——德国人的日常生活外，笔者建议在单元教学中，对现有主题进行深化，可以从以下五个方面拓展文化知识（Risager 2018: 43），加强与中国的关联和比较，让学习者在了解目标语国家文化的同时，增进对母语文化的理解：

1）**国家和民族**：包括地理、历史、国际关系等。例如，在进行德语字母拼读的语音教学时，可以引入一些缩略词的拼读，如通过学习缩略词BRD（德意志联邦共和国）、DDR（德意志民主共和国），教师可以关联德国历史，向学生介绍二战后德国分裂为东德和西德以及1990年两德统一的历史事件。此外，教师可以引导学生联想中国的历史，如新中国成立和改革开放，讨论中德两国在国家发展历程中的共同点和差异。

2）**国家和政治**：包括国家形式、国家机构、政党和政治家等。例如，在进行德语语音教学练习字母拼读时，教师可以利用德国主要政党名称的缩写进行练习，如CDU（德国基督教民主联盟）、CSU（德国基督教社会联盟）、SPD（德国社会民主党）。教师可以向学生简要介绍这些政党的主要政治立场，帮助学生了解德国的联邦制与多党制，并讨论中德政治体制的异同。

3）**经济**：包括经济发展情况和特点。例如在"家庭和职业"这一单

元中，教师可以从教材中职业相关的单词出发，延伸至德国企业及"隐形冠军"的概念。教师可以介绍德国中小企业在全球市场中的领先地位，还有拜耳（Bayer）、博世（Bosch）等世界知名企业，以及这些企业在德国社会和经济中的重要性。随后，教师可以引导学生联想中国的经济发展，列举中国作为"制造业强国"走向世界的国际知名企业及其外语名称（如比亚迪 BYD、华为 Huawei、阿里巴巴 Alibaba）。

4）**社会**：包括社会结构和特点。例如在"学校生活"这一单元中，教师可以通过编写若干简单的德国学生自我介绍，让学生了解德国的主要学校类型，包括普通中学（Hauptschule）、实科中学（Realschule）、文理中学（Gymnasium）等。随后，教师可以进一步解释德国学生在不同学校的学习特点和未来的发展方向，并介绍德国著名的"双元制"职业培训系统，使学生了解德国的学校类型和升学路径，感受德国教育体系的多样性。为了帮助学生对比中德两国的教育体系，教师可以引导学生思考中国的学校类型以及中考和高考的升学路径。

5）**艺术和科学**：包括著名的艺术思想、流派、艺术家，德国科学发展情况和代表人物等。在学习"初次相识"单元时，教师可以让学生扮演德国和中国的著名艺术家、科学家、思想家等进行自我介绍，如贝多芬（Beethoven）、马克思（Marx）、爱因斯坦（Einstein）、孔子（Konfuzius）。学生可以了解这些人物的生平、成就以及他们对世界文化和科学发展的影响。

4.2 聚焦语篇，延展文化呈现方式

根据前期分析，目前《快乐德语》几乎全部采用文化实践的典型模仿这一文本类型，借助模拟生活交流场景帮助学生理解和运用目标语，例如：在露营地认识新朋友时的典型对话。笔者建议，在以单元主题为引领、围绕语篇及相应练习或任务进行设计时，可以通过补充以下内容和形式，让教材中的语篇更加丰富，练习和任务更加多元，从而有效丰富母语文化的呈现内容：

1）**规范性文件**（针对文化产品、文化实践、文化社群类型的语

篇）。例如：对不同地区的问候语、特色菜、中国及德国的学校学制等的描述。

2) **导向性问题**（针对文化实践、文化观念类型的语篇）。例如：零花钱不够怎么办？教材在这方面涉及较少，但这种呈现方式有助于学生思考实际生活中的文化问题。

3) **深入性思考**（针对文化观念类型的语篇）。例如：中德两国文化中时尚观、金钱观、饮食观的分析和比较。教材在这方面涉及较浅，但这种呈现方式能够培养学生的批判性思维，使其对不同文化观念有更深层次的理解和反思。

4) **肯定性感叹**（针对文化名人、经典文化类型的语篇）。教材几乎未涉及此类内容。然而，通过介绍目标语国家的文化名人和经典文化，可以激发学生对该目标语国家的进一步了解，增强对母语文化的认同感。

4.3 聚焦语用，搭建词汇句型支架

为增强学生用德语表达母语文化的能力，教师可以基于教材提供更具体、更有针对性的词汇和句型支持。每个单元可以配备相关主题的词汇表和句型模板，帮助学生掌握表达母语文化所需的基本词汇和句型。例如，针对介绍家乡的单元，可以提供描述自然景观、风俗习惯、传统节日等方面的词汇和句型。在此基础上，通过模拟真实情境，如文化交流活动、国际会议等，给学生提供练习用德语表达母语文化的机会。这些情境可以通过角色扮演、对话练习等方式进行，帮助学生在实际应用中巩固所学知识。

4.4 聚焦视角，构建真实学习任务

《快乐德语》以德国青少年为观察视角，通过图片、语篇、视频等丰富的材料展现目标语国家的日常生活及具有代表性的文化元素，对于中国的青少年德语学习者而言，直观、生动且具有较强的吸引力。另一方面，教材也缺少不同的身份、声音和话语，文化呈现的视角比较单一，很难激发学生以反思的视角来看待各个不同的话题涉及的目标语国家文化和母语国家文化。

笔者建议，教学中可以依托不同的场景和情境，拓展并丰富文化呈现视角（张晶惠 2020），例如：中国青少年随家人前往德语国家游历；中德青少年好友在线上进行交流；两国青少年作为驻外小记者，进行文化专题报道；两国青少年参加中德交换项目、到对方国家进行参观和游历；两国青少年为来访的外国学生进行游历安排等等。此外甚至可以跳出青少年的视角，选择一些杂志文章、新闻媒体报道、流行歌曲、艺术作品等进行文化主题的呈现。通过具体的跨文化交流的情境，让中国的青少年德语学习者转换视角，主动地思考两者之间的异同，并进行语言文化内容的输出。

5.《快乐德语》中融入文化意识培育的单元教学实践案例

针对现有教材中的文化呈现，笔者以教材第一册第一单元"结识新朋友"为例，尝试在单元教学中融入文化意识的培养，具体通过情境构建来实现。笔者先从文化意识的角度拆解了该单元的整体框架结构，梳理出该单元各个主要语篇所呈现的文化内容及文化类型，再进一步通过补充材料的形式，对教材中的关键语篇结构化地进行情境的创设，以此拓展学习者母语文化的呈现（见图3）。具体实践路径包含事实呈现、视角转换、阐释激发、模式反思四个方面。

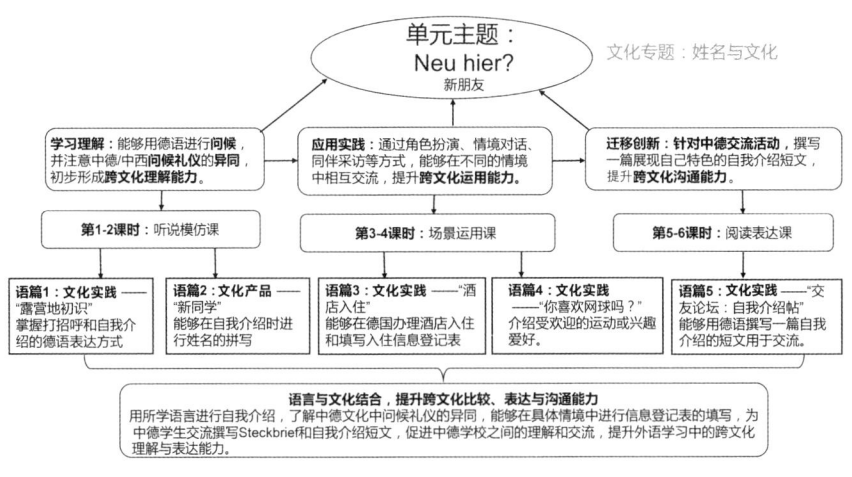

图3 《快乐德语》第一单元主题内容框架下对语篇的解读

5.1 事实呈现：以情境保障充分的信息调度

在创设情境之初，教师应当注重文化中事实信息的梳理、调度和拓展，引导学生在此基础上进行深入的文化理解：

1）**教材既存文化事实**：教师在带领学生阅读教材语篇时，注意提取其中包含的德语国家文化事实，例如：教材语篇中涉及的德语国家不同场合的问候方式、初次见面时相互介绍的习惯表达等。

2）**学生文化知识储备**：教师可通过提问和讨论，引导学生回顾和分享关于在不同文化中初次见面打招呼的知识或亲身经历，从而调动其背景知识。

3）**持续拓展文化信息**：教师可通过布置相关主题的课外探究任务，让学生通过查阅资料、上网搜索等方式，自主扩展对不同文化中问候礼仪的了解。

4）**反思/应用文化事实**：教师通过设计反思和讨论环节，深化学生对文化事实的理解和认同，再通过应用环节，鼓励学生在实际情境中应用他们所学到的文化知识。

以"结识新朋友"这一单元为例，在课堂教学活动中，教师在讲解教材语篇之前，可让学生观察教材配套视频中用肢体语言打招呼的方式，然后观看补充视频，观察不同的用肢体语言打招呼的方式，并引导学生讨论：（1）哪个打招呼的方式你见到过？适合什么场合？（2）哪些问候方式舒适/不舒服、奇怪？为什么？（3）知道在另一个国家应该如何打招呼对我们有帮助吗？有可能犯错吗？在充分调动了教材中的文化事实、学生的背景知识，并进一步拓展和反思了文化信息后，最后进入文化事实的应用环节——情境模拟阶段：教师先提示生日派对、会议等不同的场景，模拟和不同的学生打招呼（肢体+德语）；然后学生两人一组，开始打招呼的表演练习，在打招呼的时候注意语言上使用"你"或者"您"，在肢体表演时注意眼神、语言、肢体动作的协调统一。学生们围成内圈和外圈，内圈的同学得到一张礼仪卡，和外圈的同学轮流打招呼，之后内外圈同学轮换。

图4 教学补充材料：问候礼仪

5.2 视角转换：以情境开启不同的观察视角

情境的创设需要重视"引导和鼓励学习者们转换观察视角"（Maul 2020: 54），即学习者能通过情境，以目标语国家人群的视角进行语言的使用以及文化的思考。具体途径包括：

1）**角色扮演**。例如，学生可以模拟采访在德语区的知名（中/德）人士，同时了解他们的生活和文化背景。学生在课堂上两人一组，分别拿到卡片A或B，通过相互提问补全卡片上名人的姓名信息。教师则可介绍这些名人对于世界的影响。例如：刘慈欣的小说《三体》已经被翻译成德语出版，有不少中共早期领导人如周恩来、朱德等曾旅居德国。通过对文化名人和经典文化的介绍，激发学生对目标语国家的进一步了解，增强对母语文化的认同感。

2）**角色代入**。教师让学生代入德语国家人物身份，帮他们处理实际事务，例如：帮助德国人填写中国的酒店入住登记表，让学生能够看懂德国护照，并且理解中德姓氏的差别，从而进一步感知目标语文化与母语文化的异同之处。

图5 教学补充材料：外来人员酒店入住信息登记

5.3 阐释激发：以情境搭建双向的背景关联

情境创设的目的不仅仅是让学生被动接受文化信息，还应激发他们对于目标语和母语文化的自主思考，以实现深度理解和合理阐释。在教学过程中可通过以下两个步骤实现：

1）**关联学习者自身背景**。教师引导学生将所学内容与自身文化背景相联系，思考相似点和差异点。

2）**关联比较目标语及母语文化**。教师鼓励学生进行文化间关联和对比，理解文化共通点，对各自文化的独特之处形成进一步的认识。

例如，针对自我介绍，教师先引导学生并设置情境：在中文里，每一个汉字都有自己的含义。你的德国朋友很好奇，你的中文名蕴含着什么寓意呢？然后布置教学任务：请学生自主查阅自己姓名含义的德语表达，并在课堂上进行分享。此时教师提供相应的词汇和句型表达：Mein chinesischer Vorname ist _____. Das Zeichen _____ bedeutet _____. Das Zeichen _____ bedeutet _____.（我的中文名是……其中……字的含义是……）。在此情境中，学生们一方面分享自己的中文名字在文化中的意义，另一方面则好奇地探索、对比德语名字的起源和意义。通过这种方式，可以更深刻地认识姓名文化的独特之处。

5.4 模式反思：以情境解构潜藏的刻板印象

在教学过程中，教师通过情境最终引导学生反思、质疑和解构刻板印象和偏见中潜藏的阐释模式及其偏颇之处。具体路径如下：

1）**质疑与反思**。设计讨论和反思环节，鼓励学生质疑和思考他们所接触的文化信息、文化观点的真实性和全面性。

2）**刻板印象的解构**。通过具体的实例和案例分析，引导学生识别和解构文化中的刻板印象，培养他们的批判性思维能力。

例如在第一单元的最后，教师围绕话题"学外语需要取外语名吗？"，指出许多明星都有外语名，例如功夫明星李小龙——Bruce Lee等。然后通过以下不同的情境，引导学生对具体问题进行分析和反思。

情境1：张铭作为交换生来到德国。他在考虑是取一个德国名字，还是介绍自己时直接说："我叫Ming。"教师可引导学生讨论张铭的选择背后的文化意义和可能的影响。学生可以思考并讨论：外国人听到一个中国人叫Ming或者Felix，分别可能是什么感受？是否有必要为了融入外国文化而取一个外国名字？

情境2：冉慈萱作为交换生来到德国，她发现自己的名字对德国人来说很难发音。她在考虑是否应该取一个德国名字。教师可引导学生讨论冉慈萱的困境，并分析汉语和德语在发音上的差异。学生讨论并总结：在跨文化交流中，是否有必要取外语名字以便于他人发音？有什么方法可以解决这个问题？

情境3：Hannah Schmidt和Phillip Schmidt学习中文并热爱中国文化，希望拥有一个中文名字。教师可引导学生为这两位同学起中文名字，让学生不仅可以了解中文名字的结构和含义，还可以思考和讨论名字在不同文化中的象征意义。通过以上讨论和案例分析，引导学生更深入地理解"取外语名"这一问题背后包含的跨文化交流的细节和复杂性，尝试打破类似"学外语一定要取外语名"这种片面的观点。

6. 结　语

本文聚焦当下国内中学普遍使用的德语教材《快乐德语》，分析了教材中文化呈现的特点及局限性，并采用问卷调查的方式评估了该教材的使用者——学生在文化意识培育方面存在的问题。笔者以新课标中对于文化意识这一核心素养的要求为纲领，构建出中学德语文化意识培育上"四元聚焦"的教材使用策略，通过拓宽文化呈现视角、丰富文化呈现主题、增加文化人物及文化观念的呈现，并提供有效的词汇和句型支持，帮助学生在使用当前教材进行德语学习的过程中更全面地理解和表达不同文化。在此基础上，以教材中的具体单元为例，提供了基于情境的文化意识培育具体实践路径：即事实呈现、视角转换、阐释激发、模式反思，让学生能够获得充分的文化信息，以目标语国家的视角思考和使用语言，在关联和对比中实现对母语文化的表达和对不同文化的理解，最终尝试质疑和解构潜在的刻板印象和偏见，培养批判性思维能力。笔者希望这一策略不仅能有效填补使用现有教材时中学德语教学在文化意识培育方面的不足，亦可对未来国内自主编写中学德语教材的工作提供若干思考。

参考文献：

[1] Maul V. Inwiefern können Lehrwerke die interkulturelle Kompetenz der Lernenden fördern? Eine Lehrwerkanalyse zweier norwegischer DaF-Lehrwerke in Bezug auf das interkulturelle Leistungsvermögen derer Texte und Aufgaben [DB/OL]. https://hdl.handle.net/11250/2720104. 2020.

[2] Risager K. *Representations of the World in Language Textbooks* [M]. Bristol: Multilingual Matters. 2018.

[3] 从丛."中国文化失语":我国英语教学的缺陷[N].光明日报,2000-10-19 (C01).

[4] 教育部.普通高中德语课程标准[S].北京:人民教育出版社,2017.

[5] 李媛,黄含笑.全球德语学习情况报告(2020)[A].赵蓉晖(主编).语言生活皮书——世界语言生活状况报告(2021)[C].北京:商务印书馆,2021.241-247.

[6] 沈倬丞.高中俄语学科核心素养框架下文化意识培养研究[D].东北师范大学,2021.

[7] 张虹,李晓楠.高中英语教材文化呈现研究[J].外语教育研究前沿,2022,5(4):42-52,92.

[8] 张晶惠.中华文化融入高中英语课堂教学的原则及实践[J].文教资料,2020,(35):238-240.

新形态教材研究专栏

编者按：

　　人工智能、大数据、云计算等技术的飞速发展，驱动外语教育教学从信息化向数字化、智能化转型升级，同时生成式人工智能扩展了外语教育空间。这种具有新质生产力特征的教育介质与多种教学方法重新组合，在不同的教育场景中灵活使用，催生了外语教材的形态变化与发展，使教学变得更加有效、引人入胜且生动有趣。关于教材的形态研究，见仁见智各有所悟。为此，本刊特邀请陈坚林教授主持本专栏，以不同视角对外语教材形态展开研究，望能抛砖引玉，引发更多且更深层面的研讨。

| 新形态教材研究专栏

外语教育数字化转型中的教材形态研究

陈坚林

（上海外国语大学，上海 200083）

提　要：人工智能技术的飞速发展驱动外语教育教学从信息化向数字化、智能化转型，同时催生了外语教材的新形态。外语教材的形态主要体现于两个方面，即内容形态与结构形态。内容形态从清末演变至20世纪30年代，相对固定，但结构形态却随着技术的发展而不断变化，并呈现出赋能增效与赋能完善等特点。因此，新形态教材的设计与编写应遵循相应的创新理念。

关键词：新形态教材；数字化转型；外语教育

Abstract: The rapid development of artificial intelligence technology drives the digital transformation of foreign language education, and simultaneously gives rise to a new form of foreign language teaching materials (FLTM). Generally, there are two forms of FLTM, i.e., the content form and the structural form. The content form evolved from the end of the Qing Dynasty to the 1930s and is relatively fixed, but the structural form is constantly changing with the development of technology and is characterized by empowerment and efficiency, and empowerment and perfection. Therefore, the design of the new-form FLTM should follow the corresponding innovative concepts.

Key words: new forms of teaching materials; digital transformation; foreign language education

作者简介：陈坚林，上海外国语大学教授，博士生导师，研究方向：外语教学理论与实践。

1. 引　言

在当今外语教育数字化转型的背景下，数智赋能是教材建设的趋势，纸数融合是教材开发的热点。在人工智能技术、纸数资源以及虚拟技术迅速发展的驱动下，外语教材形态的变化也成了一个热门的话题。究竟何谓教材新形态？见仁见智，各有所解，但一个普遍的共识是，教材新形态与数字化有关。随着人类进入数字化时代，由于技术的介入与驱动，外语教育领域发生了一系列的变革，包括教育观念、教学理念以及教材的形态。数字化资源、数字化工具、数据驱动、数字教材等概念如雨后春笋，层出不穷。尽管如此，在外语教学上纸质教材依然扮演着主要角色，日新月异的数字信息技术对于教材的影响并未如先前预期的那样显著。因此，在教育数字化转型的今天，学界应该如何深化与拓展数字时代教材的改革与重构，或更确切地说，如何正确理解教材新形态？对于这一问题的探究与回答，本文将从教材形态的演变出发，梳理数字技术在教材形态变化中的理据要点，在此基础上展望并探究未来新形态教材设计与编写的实际内涵。

2. 教材形态演变

随着信息技术的发展和外语教育教学的数字化转型，教材的形态发生了很大的变化。实际上，就教材的形态而言，主要分为两种：一种叫内容形态，另一种叫结构形态，亦称物理形态。无论教材呈何种形态，都会随着社会的发展而不断演变。

2.1 内容形态演变

中国外语教材内容形态的变化与外语教学的发展休戚相关。中国的外语教学始于清末，那时国人开始与外国有了通商，需要外语。学外语，当然需要有相应的外语材料。约19世纪20年代，广州就流行了一本英语读本或小册子，大约有20页左右。这本小册子时称《红毛鬼话》或者《红毛番话》（邱志红 2017），后来又改称为《红毛通用番话》

（1830），流行的版本有六种之多①。这里的"红毛"是指外国人，"番话"或者"鬼话"实际上就是指英语。这个读本就是中国外语教材的最早雏形②（陈坚林 2023）。

这本小册子的内容形态十分独特，通篇没有一个英文单词，它只有英文词汇的汉语（粤语）发音标记，另加一个中文解释，例如：汉语发音标记为"听克油"，那么旁边中文解释就是"谢谢"。整个小册子的词汇为双竖排列（邹振环 2006）：

温	一
都	二
地理	三
科	四
辉	五
……	……
士多	商店
听克油	谢谢

这就是中国外语教材最初的内容形态，又称作三无形态：无正规发音标记、无英文单词、无语法讲解。最初教材都用粤语注音，后来随着对外通商口岸向北扩移，出现了用宁波话注音，或"甬语注音"，再后来又有沪语注音和以天津话为主的北方话注音体系③（季压西，陈伟民 2002）。由此可见，当时外语教材的内容形态，就是用方言注音加中文解释。后来为了适应通商交流的需要，教材如《华英通用杂语》《华英

---

① 《红毛鬼话》或《红毛番话》约撰写于19世纪初，作者不详，1830年重版后被称作《红毛通用番话》。

② 在《红毛通用番话》之前，约在1750年，清朝官方组织编写过一本《英咭唎国译语》，但当时清朝法律规定国人不许学外语，故该读本在民间被禁用，因而此处笔者不将其归为早期英语教材。

③ 罗伯聘编写的《华英通用杂语》（1843）为北方话注音；冯泽夫等编写的《英话注解》（1860）为甬语注音；曹骧编译的《英字入门》（1874）为沪语注音。

通语》《英话注解》才逐步有了英文的词汇出现。教材的基本形态为：英文词汇、方言注音加中文解释（陈坚林 2023）。

　　清末时有个外国人叫马礼逊（Morrison），是个中国通，约在1823年用中文写了一本英文文法，当时英文文法上的一些术语，如名词、形容词、动词等，他直接就用英文noun, adjective, verb来表示，没有中译文。之后约在1869年，中国山东一位学者张儒珍联合了一个外国人Perry写了一本中文的语法小册子，借用了这些英文术语并加以翻译，比如noun（名词）译成"名头"，adjective（形容词）译成"形容言"。更有意思的是verb（动词），因为其是要依靠主语的变化而发生形式上的变化，所以被译成"靠托言"。此后，还有位学者郭赞生在这个基础上编写了一本《文法初阶》，进一步把英文术语的名称固定了下来。至此，外语教材的内容形态变为：英文词汇、方言注音、中文解释，再加上一定的语法（主要是词汇用法）（陈坚林 2023）。1862年京师同文馆成立，馆里两位英语教师汪凤藻和张德彝都编写了英文教材：汪凤藻编写了《英文举隅》，张德彝编写了《英文话规》。这两本教材除偶有单词的元、辅音介绍外，基本上也呈这样的内容形态（陈坚林 2023）。

　　1886年在巴黎，国际上成立了一个"教师语音学会"（梅德明 2017）。这个学会经过两年的努力，于1888年公布了人类语言的国际音标。但国际音标公布后，并没有马上传到中国，我们的教材还是以方言注音为主，所以学习者的英文发音不太地道，尤其是在上海因用沪语注音形成了一种"洋泾浜英语"。当时在上海还流行起不少英语学习的顺口溜，如：来是"康姆"（come）去是"谷"（go），"雪堂雪堂"（sit down）请侬坐……。到了1920年，1888年公布的国际音标才逐渐地传到中国。据记载[④]，商务印书馆的周由廑在1922年写了一本《英语语音学纲要》，把国际音标比较系统地引入了中国（陈坚林 2023）。自此中国的外语教科书才开始有了国际音标的注音，而不是仅用方言注音了。学习者的英文发音也慢慢变得地道起来。直到20世纪30年代，我国的外

---

④ 参见《商务印书馆120年大事记》，2017。

语教材内容形态才有了比较固定的形式，其标志性教材便是林语堂编写的《开明英文读本》（共三册），教材的内容形态为：短文、词汇、音标、中文释义、难点标注、语法等，之后有围绕语言和语法展开的练习（陈坚林 2023）。

中国外语教材的内容形态大致呈这样一个演变过程。随着国家的政治、经济以及社会文化的发展，外语教材的内容形态也有了许多本质要素的变化且不断地与时俱进，但是万变不离其宗。

2.2 结构形态的演变

相比内容形态，百年来中国外语教材的变化更明显地体现在其结构形态上。自中国有外语教学以来，外语教材在结构上以纸质教科书为主，偶尔配有开盘大磁带的课文录音，并具有这些特点：1）有泛、精读教材之分，同时配有相应磁盘听力教材；2）教材内容以经典人文作品选篇为主；3）注重语言知识的学习和操练，偶尔配有一些幻灯辅助内容。然而，随着时代的演进和技术的发展，外语教材在结构形态上不断地发生变化，近80多年大致可分为三个阶段：多媒体配套形态、多媒体辅助形态、多媒体融入形态。

2.2.1 多媒体配套形态

从20世纪五六十年代开始，随着幻灯片、投影、广播、电视、录音和录像等多媒体制作技术的出现，外语教学和教材中逐渐体现出发展变化，形成了由纸质教材为主，以多种媒体为辅的外语教材。因教材配套的录音或录像较为系统与完整，故被称为电子音像教材，或电教教材（陈桄，黄荣怀 2013），属多媒体配套的外语教材。这种多媒体配套形态的教材在纸质教材为主题的前提下，可分为三类：视觉教材，配有幻灯片、投影胶片等；听觉教材，配有录音磁带、唱片等；视听教材，配有电影片、录音磁带等。

多媒体配套形态的教材具有这些特点：1）形象化呈现。多媒体配套教材一般以文字教材为基础，将纸质教材中的内容通过形象化的方式呈现。这种形式不仅克服了纸质教材的抽象缺点，也在一定程度上弥补了纸质教材的缺陷，突出了纸质教材的重点，化解了难点（陈达章 2000）。2）认知多渠道。因由多种媒体的介入，学生多种感官同时接收和反馈信息，对事物和知识的认知有了多种渠道。这种教材形态主要采用磁带、录像带为存储介质，使教学认知上有了多样的选择，易于建立以教师为主导、学生为主体的互动性学习环境。3）学习效率提高。不同结构形态的多媒体配套教材能充分调动学生各种感官，加深对所学教材的理解与记忆（陈坚林 2010），提高课堂教学效率，达到较佳的学习效果。

2.2.2 多媒体辅助形态

随着20世纪80年代信息技术的发展和计算机的普及，外语教材由多媒体配套形态转变为多媒体辅助形态[5]。应该说，计算机的普及与使用，使原多媒体配套教材又有了发展的空间。计算机利用其内存的语言资源（阅读材料、音视频资源、各种练习等）辅助外语的教与学。从存储介质来看，教材主要通过光盘（每本教材一张）等载体来承载纸质教材的内容，具有轻便、储存容量大、传播速度快等优势；然而，从学习角度而言，由于媒体形式较为简单且缺乏交互性，这种信息化教材形态依然沿用了传统的学习模式，并未从根本上改变教材的应用理念（吴丹 2015）。虽依托不同的载体与媒介，但是图文内容完全一致，是纸质教材镜面化的技术性转化，即纸质教材的原版原式翻样。

这一阶段教材形态的主要特点是：1）教材融合了纸质教材的图文内容以及图片、音频、视频等多媒体资源。在这一阶段，教材能够根据教学需求，将各种媒体资源有机整合，形象地创建教学情景。然而，这一阶段教材内容的丰富性和交互性依然非常有限（岳进军 2017），主要表现为在使用过程中，学生只能对内容资源进行单向控制，被动接收知识信息。2）在上一阶段的基础上，教材嵌入了富媒体资源。富媒体强调与用户的交互、动态驱动，实时响应，且融合桌面应用，适用于移动终端（傅伟 2011）。这种教材能够有效整合内容资源、终端设备、教学工具

---

[5] 关于教材的多媒体辅助形态，笔者主要以大学英语教材为例进行阐述。

与学习平台，构建既支持泛在情境下的自主学习，又支持课堂环境下互动教学的数字化学习环境。从技术和产品特性来看，这一时期的教材形态表现为纸质教材的硬件化、数字版本再现以及教学资源库的整合（陈坚林 2015）。然而，由于技术水平和应用环境的限制，在大多数情况下，教师对教材的使用只是停留在计算机辅助教学的层面上，使得教材中的多媒体光盘成了摆设，造成了极大的浪费。学习者仅仅是被动接受教材负载的媒体资源（光盘或平台）信息，难以有效调动其积极性与主动性，促进其参与并融入到教学情境中（胡畔等 2014）。在此背景下，教材并没有促使教学质量的显著提升，教学主体所习惯的纸质教材依旧是课堂教学的主体。计算机网络辅助资源成为纸质教材教学"需要"时的延伸与补充。此后，随着信息技术与教材的融合日益加深，开发多样化的数字资源以支持网络环境下的学科教学逐渐成为教学变革的新趋势。多媒体辅助形态的大学英语教材数字化转变效果虽不尽人意，但是开启了教材数字化形态的新篇章，为后续数字化教材的进一步发展和优化提供了理念、内容与技术上的基础。

2.2.3 多媒体融入形态

自2010年起，随着教育现代化进程的加速，信息技术与教学、教材的融合迅速推进，外语教材逐渐演变成多媒体融入形态。这种形态融合了大数据、虚拟仿真、人工智能等前沿技术（陈坚林 2019），亦称立体化教材形态。这种形态的教材主要以国家课程指南为依据，以传统纸质教材为基础，以提高教与学的效果、发展学生外语综合应用能力为目标，针对信息化环境中教与学的需求，将数字资源、学科工具、应用数据与教材融为一体。

这一阶段教材形态的主要特点包括：1）根据外语学习规律编写的高质量学习内容，帮助学生理解学习的重点和难点，促进自主性和探究性学习；2）实现学生、教师和教材之间的多向互动，无论是人机交互还是人人交互，从而生成多维度的反馈和评价数据；3）外语作为基础性的学习内容，与其他数字学习内容或工具共同构成一个数字教育资源与服务体系，形成个性化的学习行为记录；4）在教材知识层、展现层和功能层三个维度的基础上，结合用户行为数据的分析，教材可以提供知识重构、个性定制、学习档案等教材学习服务，满足不同学生的学习需求；5）运用大数据技术分析数字教材使用过程中产生的师生教与学的行为数据，优化教学过程，实现学习内容智能化推送。可以看出，这一阶段的智能化多媒体融入形态是"移动终端+教学内容+服务平台"的系统化应用，一方面能够将外语教学的内容结构进行系统性、全面性的展示，另一方面能够通过个性化功能为教师教学与学生学习提供相应的资源。相比前两阶段，智能化多媒体融入的教材形态显然具有更强的交互性、更丰富的资源、更明显的大数据属性。虽然这种教材形态还处于全面完善阶段，但已基本展现出强大的外语教与学的引擎驱动功能。智能化多媒体融入的教材形态不仅挣脱了纸质教材的"束缚"，而且在与纸质教材相互协作与配合的过程中共同完成高效的教与学的任务（赵丙勋，窦维霞 2023），彰显了这种新形态教材在教育数字化转型中的重要教学价值与潜力。

综上所述，教材有内容形态和结构形态之分，而且内容形态随着社会的发展而嬗变并逐渐成熟，结构形态随着理论、方法、技术的发展而不断变化，而且仍处在不断的变化之中。但无论怎样变化，教材的设计与编写应该与时俱进，跟上时代的步伐。

3. 新形态教材的设计与编写

基于前两节关于教材内容形态和结构形态演变的分析和解读，本节将主要探讨如何设计并编写新形态教材。要做好设计和编写，首先需要解析新形态教材的主要特点。

3.1 新形态教材的特点

新形态教材主要得益于数智技术的发展，其功能因技术的赋能而日益智能化。相较于传统教材，新形态教材主要具备两种特点。

第一个特点是赋能增效，主要表现在六个方面：1）更新及时。教材内容能够得到及时更新，以确保学生在教材中学到的语言都是"鲜活"

的语言，且紧跟时代的步伐。2）资源易得。教材高度智能化，使相关资源非常容易得到，或称资源的"易得性"。现在学校普遍都有智慧教室，互联网上还有很多相关的学习APP，学生和老师都非常容易从不同渠道获取各种学习资源。3）共同参与。教材资源的"易得性"和资源来源的多渠道促进了教师和学生的共同参与度，有利于各种互动活动的展开。师生融入其中，成为局中人，自然会提高教与学的实际效率。4）智能支持。有了智能化的学习支持，学生一旦碰到学习上的难点或相关问题，马上就会得到答案或建议，能够发现问题并及时地解决问题。5）泛在学习。新形态教材适合泛在学习，换言之，教材能够提供多种多样的学习场景，使学习者能够随时随地进行有效学习，如在高铁上或寝室里都可以学习。学习者有足够的时间进行学习管理，学习效率自然大大提高。6）探究式学习。赋能增效还体现在新形态教材能够促进学生进行探究式学习，因为学生的资源多了，可以从不同的角度来认知某一个问题，寻找到解决问题的方案。

  第二个特点就是赋能完善，即教材赋能于学生并且逐步使学生的个性化学习以及整个学习过程得到持续的改进和完善，主要体现在三个方面：1）体验与选择。新形态教材能够向学生提供比较全面的学习体验与资源选择，尤其是教材可提供多元的智能化教学场景和海量的教学资源，使学生有多样的学习体验和个性化资源的享用，从而赋能学生，从一般的增效到完善学习计划。2）互补与个性。新形态教材能够增加学习的互补性和个性化，因为学生在某一个场景学习时，是根据其现在的情况以及将来的情况，但是当学生可选择的余地多了以后，就可以根据自身的认知水平和发展方向，选择相应的能赋能增效的学习资源，有利于学习的互补性和个性化的选择与发展。3）学习与评价。新形态教材可提供更加灵活的学习方式和评价方式，做到"三精"。其一为"精致"，即学习内容的精致选择、精致设计和精致编写；第二"精"为"精准"，即资源的获取以及学习的评价都有精准的针对性，精准地发现问题和解决问题；第三个就是"精细"，新形态教材提供的很多练习或场景体验，已从一般的比较粗糙的层面走向比较精细的层面，使各种资源

（或练习、体验）越来越能够契合学习者的需求以及学习要点。

综上，新形态教材对外语教学不仅能够赋能增效，而且还能赋能完善，彰显了数智技术能够变革外语教学结构的强大功能。因此，要发挥好新形态教材的两大特色优势，需要有相应的创新理念设计并编写好教材。

3.2 设计与编写理念

基于新形态教材的特点分析，新形态教材的设计与编写需要考虑的因素很多，但主要须遵循这三个理念：1）线上线下混合式设计理念。随着数智技术与外语教学的深度融合，教学发生了结构性变革（Knox 2014；刘邦奇 2018），尤其是重塑了教学形态，即线上线下混合式教学形态。因此，我们对教材的设计与编写，必须要有一个纸质教材和网上资源的综合考虑，使这两种资源有机融合并相互作用，能够使纸质教材在网上得到无限的延伸和完善。同时要充分考虑线上线下两种教学方式如何相互作用、相互依靠、相互促进，须在新形态教材的设计上得到重视并付诸实践。2）纸数资源的融合设计理念。什么叫纸数？"纸"就是纸质教材，"数"就是数字资源，这两种资源在设计上要有机融合起来。纸数资源相融合，还需要考虑到这样两点。首先，纸数融合要能够易于教师和学生对教材进行第二次开发。其次，纸数融合，既能够适合于我们教师的个性化教学，又能够适合于我们学生的个性化学习（沙沙等 2021）。3）问题导向理念。新形态教材能够向教师和学生提供更多的资源。资源多了也就意味着让学生发现问题和解决问题的机会也多了。那么在教材设计与编写中，就要注意根据某一个主题设计相应的、适合的一些问题，而且这些问题应该是开放式的，易于学生进行讨论和探究。

上述是设计与编写新形态教材必须要遵循的三个理念。应该说，线上线下混合式设计理念是基于智能技术的新形态教材的理论基础；纸数资源的融合设计的理念是新形态教材实现资源综合利用的技术基础；问题导向理念是新形态教材重塑人才培养方式的发展方向。当然，新形态教材的设计与编写理念还在不断的发展过程中，因此外语教学数字化转型中的教学形态研究也应与时俱进，不断地创新发展。

4. 结　语

生成式人工智能的出现与发展加速了外语教育教学实现数字化转型的步伐。在此背景下，外语教材在数智技术赋能、纸数资源融合以及虚拟技术全面应用的驱动下，正以一种新的形态迅速改变着外语教学的范式。外语教材形态的演变也引起了广泛的关注和探讨。为此，本文就我国外语教材的形态演变进行了详细梳理，并探讨了未来新形态教材设计与编写的特点与理念。

外语教材一般体现为两种形态：内容形态和结构形态。外语教材的内容形态最早形成于清末时期，当时的教材都以方言注音（如粤语、甬语、沪语、北方方言等），又称"三无形态"，即无正规发音标记、无英文单词、无语法讲解。此后经过历史变迁，外语教材内容形态随着林语堂《开明英文读本》的问世于20世纪30年代最终相对定型。相较于教材的内容形态，外语教材形态百年来的变化主要体现在其结构形态上。教材的结构形态，最初是以纸质教材为主，配有相应的幻灯片与挂图。此后随着教育技术和信息技术的发展，教材的结构形态发生了翻天覆地的变化，经历了多媒体配套形态、多媒体辅助形态以及多媒体融合形态等三个发展阶段。每个阶段的教材形态都有其突出的技术应用优势，提升了外语教学的效果，尤其是多媒体融合形态（新形态）教材具有赋能增效与赋能完善等特点。

笔者认为，要充分发挥新形态教材的特色优势，新形态教材的设计与编写必须遵循线上线下混合教学的理念、纸数资源融合设计的理念以及问题导向的设计理念。在当前教育信息化快速发展的背景下，外语教材的形态正在不断地变化与发展，未来新形态教材的设计与编写也要与时俱进，适应新的教学模式和学生需求，从而促进外语教育教学的创新发展。

参考文献

[1] Knox J. Digital culture clash: "massive" education in the E-learning and Digital Cultures MOOC [J]. *Distance Education*, 2014, 35 (2): 164–177.

[2] Park J H. A Study on the functional features of digital textbooks for music education in Korea [J]. *Advanced Science Letters*, 2016, (22): 3386–3389.

[3] Shapperd J A, Grace J L & Koche J. Evaluating the electronic textbooks: Is it time to dispense with the paper text? [J]. *Teaching of Psychology*, 2008, (1): 2-5.
[4] 陈达章.中小学音像电子教材建设中的思考[J].中国电化教育,2000,(12): 40-42.
[5] 陈桄,黄荣怀.中国基础教育电子教材发展战略研究报告[M].北京：北京师范大学出版社,2013.
[6] 陈坚林.计算机网络与外语课程的整合[M].上海：上海外语教育出版社,2010.
[7] 陈坚林.大数据时代的慕课与外语教学研究——挑战与机遇[J].外语电化教学,2015,(1): 3-8, 16.
[8] 陈坚林.中国外语教材史[M].上海：上海外语教育出版社,2023.
[9] 傅伟.富媒体技术在数字化学习终端上的应用探索[J].远程教育杂志,2011,(4): 95-102.
[10] 胡畔,王冬青,许骏,韩后.数字教材的形态特征与功能模型[J].现代远程教育研究,2014,(2): 93-98, 106.
[11] 季压西,陈伟民.近代中国的洋泾浜英语[J].解放军外国语学院学报,2002,(1): 23-27.
[12] 刘邦奇.智慧教育新时代的教育变革与转型[N].中国教育报,2018-01-27.
[13] 梅德明.语言学与应用语言学百科全书[M].北京：北京大学出版社,2017.
[14] 邱志红."鬼话"东来"红毛番话"类早期英语词汇书考析[J].清史研究,2017,(2): 113-121.
[15] 沙沙,代毅,赵子莹.融合应用理念下的中小学数字教材设计策略[J].中小学数字化教学,2021,(2): 25-29.
[16] 《商务印书馆120年大事记》编写组,商务印书馆120年大事记[M].北京：商务印书馆,2017.
[17] 吴丹.富媒体数字教材的特性及应用研究[D].北京：北京印刷学院,2015.
[18] 谢群,苏咏梅,徐丹旭,何小菲.大数据教学时代的来临：电子教科书的源起、发展与展望[J].中国教育信息化,2019,(24): 26-29.
[19] 岳进军.从纸质教科书到电子教材——教材数字化变革研究[M].北京：北京师范大学出版社,2017.
[20] 赵丙勋,窦维霞.数字教材形态特征的演进与未来展望[J].中国教育技术装备,2023,(11): 1-3, 9.
[21] 邹振环.19世纪早期广州版商贸英语读本的编刊及其影响[J].学术研究,2006,(8): 92-99.

大学英语新形态教材设计架构与使用路径

杨港[1] 张英[2]

（1. 山东大学 外国语学院，山东济南 250100；2. 曲阜师范大学 公共外语教学部，山东日照 276826）

提　要：本研究聚焦数字技术对大学英语教材形态发展及教学模式的深远影响。基于对新形态教材的内涵理解，构建大学英语新形态教材设计架构，并详细探讨其在实际教学中的应用路径。研究不仅揭示新形态教材设计的关键要素，还分析其在促进学生学习效果和教师教学质量方面的作用，为大学英语新形态教材的深度研发提供理论支持，并为大学英语数字化教学路径的持续优化提供实践指导。

关键词：新形态教材；设计架构；使用路径

Abstract: This study examines the profound impact of digital technology on the development of college English teaching materials and teaching models. By exploring the connotations of new-form materials, the study constructs a design framework for new-form materials in college English education and discusses in detail their application paths. The study not only reveals the key elements involved in the design of new-form materials but also analyzes its role in enhancing students' learning outcomes and improving the quality of teaching. It provides theoretical support for the in-depth

---

基金项目：本文系山东省本科教学改革研究项目（编号M2022243）与上海外国语大学外语教材研究院2022年外语教材研究项目（编号2022SD0005）成果之一。
作者简介：杨港，山东大学外国语学院副教授，硕士生导师，研究方向：外语教学设计与评估、外语教材编写与使用；张英（通讯作者），曲阜师范大学公共外语教学部副教授，研究方向：信息化外语教学、新形态外语教材。

development of new-form materials and offers practical guidance for the continuous optimization of digital teaching methodologies in college English instruction.

Key words: new-form teaching materials; design framework; application path

1. 引 言

教材是实现课程目标、实施课程教学的重要工具和资源，外语教材建设对于外语教学起着重要作用（杨港 2020）。互联网、人工智能、大数据等新兴技术不断重塑教育教学形态，引发了教材开发"传统"与"创新"的碰撞。传统印刷范式的教材因具有预制性、封闭性和静态性等特点，难以实现信息表现的丰富性、集成性和共享性，与当前教育情境的多样性、交互性和动态性之间的矛盾日益突显。本研究立足于教材编写者、使用者和研究者三维视角，全面剖析数字化转型时期大学英语新形态教材的设计理路和结构框架，深入探究基于新形态教材使用的大学英语混合式教学实施方案和发展路向，进而审视基于新形态教材使用的大学英语混合式教学实践效果，以期为新形态教材的深度研发以及数字化教学路径的持续优化提供借鉴和启发。

2. 大学英语新形态教材概念内涵与研究动态

2.1 新形态教材概念界定

随着科技革命的纵深发展，数字技术愈发成为驱动高等教育发生根本性变革的引领力量。技术与教材之间的边界正在变得模糊（Mishan 2022），教材形态经历了从单一的纸本呈现形式，到静态数字化形式，再到动态交互数字化形态的嬗变历程，陆续出现了"电子教材"（吴永和等 2013）、"数字教材"（余宏亮，王润 2022）、"智能教材"（江波等 2022）等新型教材形态。

关于新形态教材，目前尚未形成统一的定义。国内学者以技术更迭作为演变脉络，对新形态教材在不同技术时期赋予不同内涵特征。例如，王然、郭鸿（2014：82-83）认为电子教材是"把印刷教材、教学课件、学习支持服务、虚拟现实、学习终端等多种形态资源有机融合在一起的立体化学习支持平台，是满足无所不在学习需要，支持反复使用，可以及时通信、共享资源，并且支持动态交互的知识资源库"。余宏亮、王润（2022：62）指出数字教材是"以国家课程标准为指导，以学科教学需求与教学策略为核心，以互联网、数字媒体、大数据等技术手段为支撑，以平台为承接载体，以终端为运行载体，融内容与服务于一体的数字化、立体化的课程教材教学体系"。江波等（2022：40）把智能教材定义为"以深度交互、学习画像和自适应为主要特征，为学生提供个性化学习、评价和规划等服务的智能化数字教材"。吴永和等（2023：3）认为教育数字化转型视域下新型教材具有"基于知识图谱技术，提高知识组织结构的系统性；多模态的表达形式，增强教材交互的立体性；动态更新的素材资源，保证教材内容的可发展性；全过程全要素测评，支持个性化反馈的精准性"的特点，其功能模型包括"学习终端＋教学行为＋知识服务"三个核心要素，其层次结构包括教材内容、学习终端、虚拟学具与学习服务四个部分。

综合上述新形态教材的价值意蕴、核心要素和功能模型，本研究认为，大学英语新形态教材并非纸质教材的数字化镜像，而是纸质教材、数字化资源、智能学习平台互为一体的教学资源生态系统。该系统面向大学英语课程人才培养需求，具有智能性与教育性并存、统一性与个性化兼顾、现实性与虚拟性共存的特质，满足资源定制和深度交互需求，有利于基础性学习资源与差异化学习资源的充分衔接，有利于全程化监测与立体化评价的有机融合，有利于规模化教育与个性化培养的同向同行。

2.2 新形态教材研究述评

国外新形态教材研究起步较早，技术环境和政策支持为新形态教材的研发提供了双重保障。国外与新形态教材相关的理论成果和实践项目较为丰富。例如，Daniel & Woody（2013）探讨了新形态教材的功能优势；Weisberg（2018）探究了学生对新形态教材的满意度和认可度；Berg et al.（2010）提出了衡量学生与数字教科书互动质量的评价指标；Gerhart et al.（2017）分析了新形态教材发展困境；Khalid et al.（2017）剖析了新形态教材带来的健康问题、心理问题和社会问题；Reinders & White（2010）分析了多种传输媒介、呈现方式以及感官模式在新形态教材设计中的交互作用；Motteram（2011）探讨了新形态教材设计的多种可行性程序；Dashtestani（2014）针对教师使用新形态教材及数字化教学资源提出了建议；Bao（2021）将视线投向了互联网时代新型智能教材研究。

国内新形态教材研究起步较晚，研究内容涵盖教材价值意蕴（余宏亮，王润 2022）、知识观念（叶波，贺丽 2021）、功能特征（李锋等 2023）、开发策略（杨琳，吴鹏泽 2017）、促教逻辑（马艳，李学斌 2022）、风险规避（郭利强，谢山莉 2021）等。其中，基础教育领域新形态教材研究备受关注，呈现出研究视角和方法趋于多样、研究范围和主题不断扩展、研究力量相对稳定且集中等特点（钟岑岑，余宏亮 2021），但聚焦高等教育领域新形态教材建设的研究较为匮乏，涉及大学英语新形态教材的研究更是凤毛麟角。近年来，我国外语教育界已经开展了一些有益探索，如研究了技术赋能数字教材的逻辑理论和实践路径（王俊 2021）、外语数字化学习资源视觉呈现设计策略（葛军，梁晓波 2018）、立体化教材和互联网资源驱动的教学设计模型（杨港 2019）、大学英语新形态教材的开发原则与核心特征（杨莉芳 2024）等。尽管如此，聚焦新形态教材并从设计研发延伸至一线课堂实践的研究依旧十分匮乏。

综上所述，国内外新形态教材研究视角多元、成果频出。相比较而言，国外研究实践性较强，注重微观层面的新形态教材教学应用研究和新形态教材应用绩效评价研究；国内研究具有明显的思辨性，更加注重新形态教材内涵理论研究和新形态教材设计与开发，更加关注基于新形态教材的信息化教学模式的构建及应用检验。国内外研究成果为本研究奠定了学术基础，提供了诸多有益启示和借鉴，主要体现在以下几点：第一，重视教材本体研究，教材编写、使用和评估研究自成体系；第二，关注教材对教学设计、教学方法和学习方式的影响，研究教材与其他教学要素的关系；第三，聚焦教材使用者（教师、学生），探讨教材与教师专业发展和学生能力提高的关联。在学术理据基础上提出切实可行的大学英语新形态教材创新设计方案及有效使用路线，从而更加深入推进大学英语教学理念和教学范式的连锁变革将是开辟大学英语教育发展新赛道和塑造大学英语教育发展新优势的重要突破口。

3. 大学英语新形态教材设计与使用

人工智能技术的飞速发展和教育理念的不断更新使得传统教材已难以满足当前学习者的需求。因此，如何编写、使用和评价大学英语新形态教材，成为了外语教育界共同关注的焦点。新形态教材编写需要思考如何整合最新的教学理念和科技手段，使之既系统又具有互动性。在使用教材的过程中，教师的角色将从知识的传递者转变为学习的引导者和促进者。而在评价教材时则要关注教材对学生学习成效的实际影响，以及它是否能够适应不断变化的教育环境。接下来，本文将从教材编写、教材使用以及使用效果这三个维度，深入探讨大学英语新形态教材的设计与使用，以期为教学实践提供指导和启示。

3.1 教材编写：构建大学英语新形态教材设计框架

数字技术使教材开发向立体化、数字化、智能化方向发展。语言教材不再是按部就班遵循的脚本，而是依据一定的教育教学原理和教学目标，积聚类型多样、动态交互的数字化学习资源，提供精准、个性、灵活的教学服务体系。有鉴于此，笔者结合编写新形态教材过程中秉承的理念和切实的做法，构建了大学英语新形态教材设计框架，如图1所示：

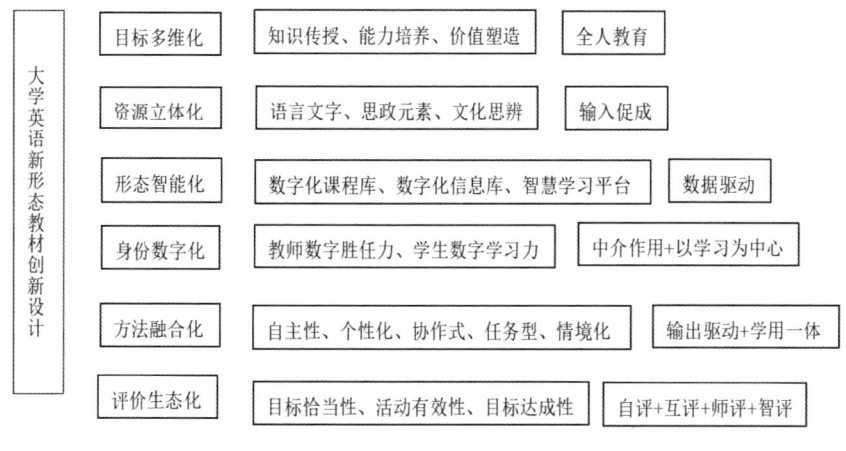

图1 大学英语新形态教材设计框架

该框架是一个集多维教学目标、立体教学资源、智能教材形态、数字师生身份、融合教学策略和生态教材评价于一体的数字化育人生态体系。教学目标服务全人教育，注重知识传授、能力培养和价值塑造。教学资源动态进化，非线性预设，思政元素、文化呈现与语言知识、技能传授有机融合。慕课、微课等数字化课程库，音视频、网站等数字化信息库链接智慧学习平台，教材形态从纸本呈现到在线编织，知识呈现从扁平的文本符号到鲜活的空间沉浸。教师以享有较高自主权的学生为主体，在驱动、促成和评价流程发挥引领、设计、支架作用，为学生提供沉浸式、交互式、个性化、数字化学习体验。育人环境由云到端、由端到云的流程再造，打破时空限制，融合虚实场景，促进师生和生生互动的意义协商。学生在泛在、数字、交互的智能外语教育环境下，开展自主学习和协作学习，从被动接受式学习转变为主动参与式学习和探究式深度学习。数字化手段详细记录过程性行为数据和结果性表征数据，通过数字回溯分析和科学检测评价，描绘学生成长轨迹，构建学习者模型。全程化监测与立体化评价的有机融合使评价取向从过于关注知识技能向关注学生学习过程与综合能力的态势发展。在这个框架内，各构成要素之间相互联动，同频共振，形成了数据驱动、人技结合、跨界开放的新型教育生态。新形态教材设计框架的理念与李锋等（2023）提出的智能教材设计方法和技术是一致的：新形态教材的设计目标是实现"智能适应性学习选择、智能化教学引导、伴随式学习评价以及深度互动"（p. 101）等智能化教育功能特征，而"智能终端+教材专用平台+智能系统"（p. 108）的模式是适用于新形态教材构建和发展的。

大学英语教材从纸质平面教材向智能数字教材的动态演变，实现了增强教学互动性、推送个性化资源、在线测试与即时反馈、多模态数据采集与分析等多方面的效果。具体包括：首先，新形态教材融合了信息技术和多种介质，创设了以学习者为中心的数字化智慧学习环境，实现了纸质材料、数字化资源和智慧学习平台的一体规划，有利于线上学习与线下教学的相互承接与彼此赋能。其次，学生在与教学资源深度交互的过程中，能够获得更契合个体特征的学习和发展体验。教师借助智慧教学平台的实时和历时数据，动态分析学习者学习表现、行为特征、能力现状等，进而实施个性化精准教学，实现教学效果的最大化。再次，新形态教材充分利用数智手段融合多介质资源载体，打破了传统教材传播载体的局限，克服了教学资源的线性结构。课堂教学资源和在线课程资源相互配合、交叉互补，能满足学生个性化和差异化学习需求，使因地、因时、因人制宜的极富个性特征的千人千面学习成为可能。教师和学生在协作、交互与创造的环境中获得了成长和发展，这充分彰显了新形态教材引领数智变革，为外语教学赋能增量的发展态势。

3.2 教材使用：基于新形态教材使用的大学英语混合式教学实践

基于新形态教材使用的大学英语混合式教学模式（见图2）以多元智能理论、生态语言学理论和动态系统理论为指导，以享有较高自主权的学生为主体，以多元无缝对接的智能学习环境为保障，以善于提供教学支架的教师为中介，能够实现物理空间的线上线下相混合，物理时间的同步异步相搭配，教学空间的课内课外相融合，教学手段的多元活动相结合，教学活动由教师个体经验驱动向教师个体经验与数字技术共同驱动转变，学生由外部刺激的被动接受者向信息加工的实践主体转变，体现了教学主体、新形态教材、数字化教学平台和融媒体资源的系统融合与和谐共生（胡春华，吴丽环 2023）。

该模式以突出系统整体设计为显著特征，充分考虑线上线下教学目标的层递性、教学内容的系统性和教学干预的整体性。课前线上学习重在激发学生情感认知，是课中线下学习的预热和前奏，旨在缩小学生在初始能力和认知目标方面的差距。课中线下学习是对课前线上学习的有效整合和持续升华。课后线上学习则是对课中线下学习的有效衔接和合理延展。线上-线下-线上环节相互关联、相互承接、相互助力。在此过程中，教师发挥设计、干预、监控、反馈等作用，聚焦学生学习痛点，创设真实情境和虚拟情境，通过共性化讲解和个性化辅导，对学生知识进行评价、补充与拓展，将静态知识动态化、抽象知识具体化、碎片知识整合化，帮助学生完成知识的吸收与内化。同时，帮助学生运用自我调控、规划、反思、合作、求助等学习策略，构建学习实践共同体，开展互补式协作、问题式探究，共同形成任务解决方案（金石等 2022）。学生知识观从接受认知范式逐渐转换为社会建构范式。师生学习共同体在发现知识、理解意义、建构认识的过程中实现对课程的共同创造，大学英语课程在共生、共创、共享的格局中实现兼容、动态、良性发展。

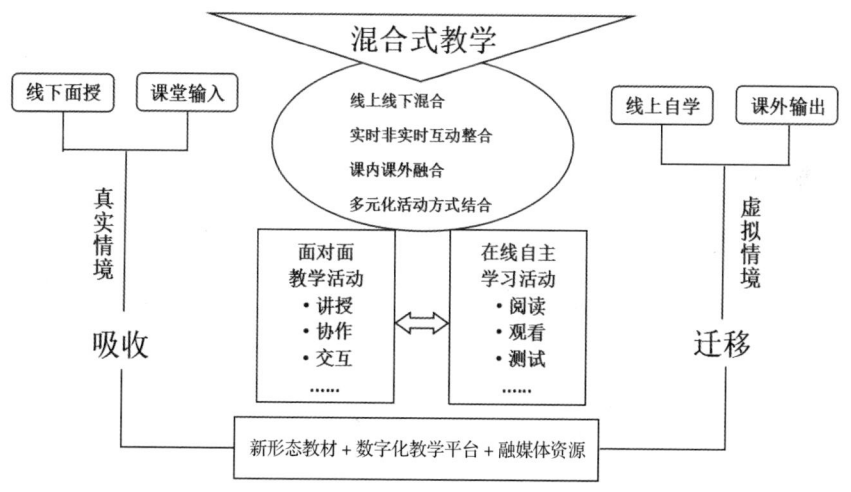

图2 基于新形态教材使用的大学英语混合式教学模式

新形态教材使用贯穿于大学英语混合式教学过程并将其划分为三个阶段（见图3）：课前线上导学和自主学习阶段、课中线下实体课堂和合作探究阶段以及课后线上巩固和拓展阶段。课前阶段重在达成低层次认知目标，课中阶段重在达成较高层次认知目标，而课后阶段是前两个阶段的整合和升华，重在巩固和拓展前期学习成果，并进一步达成更高层次认知目标。

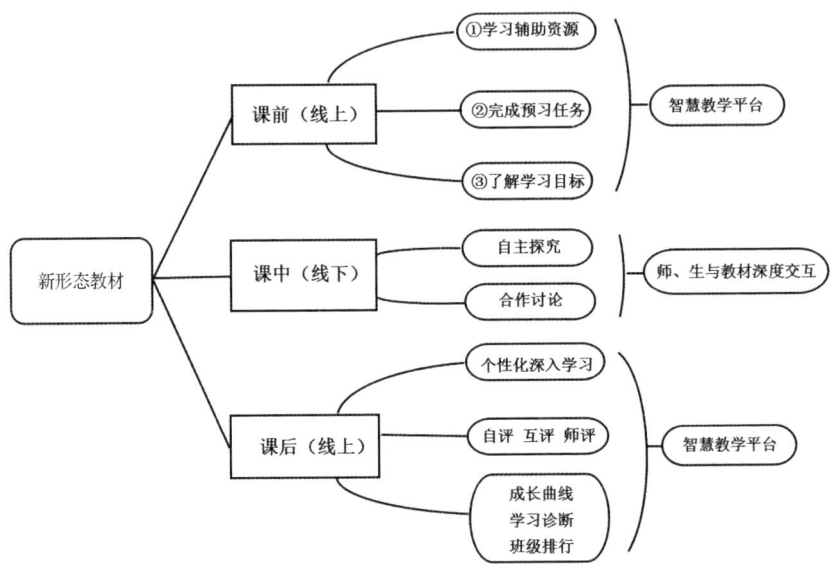

图3 基于新形态教材使用的大学英语混合式教学设计

课前线上导学和自主学习阶段以教师为主导，开展学情分析，明确教学目标（知识目标、能力目标和素质目标）。教师创设沉浸式、体验式场景，嵌入教学话题情境，设计问题清单，以任务为主线，以问题为驱动，提供知识和语言支架，支持学生开展自主学习和主题讨论，引导学生达成产出目标，学生在产出过程中发现自身不足，进而激发学习动力，明确学习目标。例如，教师可以利用智慧教学平台，借助文本资源、音视频、慕课、微课、测试、网络链接等学习辅助资源，设计并发布文本阅读和观看视频等任务清单。学生对相关信息进行提炼、分析与综合，完成相关任务和检测，并对完成情况进行自我评价和反思。

在课中实体课堂和合作探究阶段，传统的教和学发生了位移，师生搭建"探究共同体"，利用智慧云端作为线上线下的连接通道，实现学习与交互平台的有效结合以及师生与教材的深度交互。师生学习共同体在促进学习者从浅层学习走向深层学习方面起到关键作用。例如，为了更加自然、有效地把课程思政元素融入语言学习，教师可以对单元主题词汇进行词频统计，进而挖掘思政元素，进行主题词汇语境拓展，搭建语言脚手架，设置听说练习和写译练习，帮助学生进行语境词汇的迁移和使用，提高对目标语言的深度加工，实现从复制性使用到创造性使用的飞跃。同时，教师引导学生运用语篇分析技巧，提炼篇章主题，探讨篇章内涵，为有效完成产出任务搭建内容与观点脚手架。此外，策划任务清单，引导学生开展小组合作、头脑风暴，积极思考，理解社会主义核心价值观内涵意蕴，明确国家重托和历史责任，让学生在探究式、交互式和体验式学习活动中，强化语言积累，拓展产出思路，厚植家国情怀，培养国际视野，实现综合素养和多维能力深度融合发展。

进入课后线上巩固和拓展阶段时，教师以即时通讯软件和智慧教学平台等线上教学支撑环境为依托，针对学生困惑答疑。学生以个体、对子或小组形式，开展个性化深度学习。教师、同伴、平台对学生数字化学习能力、小组协作能力、知识迁移能力等进行增值性评价，学生对自身学习动机、认知行为和学习行为进行自我监督和自我管理。结合新形态教材应用体验，笔者认为教材与学习平台的深度融合凸显了新形态教材在学习跟踪和数据反馈方面的独有优势：通过大数据、人工智能等技术，对学生学习过程和学习行为进行监督和评价，绘制学生成长曲线，诊断学生学习效能；学生查阅智能评价和教师及同伴评价结果，自我总结和反思，巩固并完善产出，进一步提升自身语言使用能力、思辨能力以及跨文化传播能力。

综上，基于新形态教材使用的大学英语混合式教学是数字技术和教学实践相互融合的有效载体和创新实践，是在线学习和面授教学的无缝衔接和深度融合，线上线下教学重点既相互关联又各有侧重，有利于实现教学效果、效益和效能的高效融合。

3.3 使用效果：新形态教材使用对大学英语教学效果的影响

在数字技术的推动下，大学英语教材的形态经历了深刻的变革，新形态教材以其便捷性、时效性、灵活性、立体性、环保性等优势，为教学模式和学习方式带来了革命性的变化。新形态教材对提升大学英语教学效果和学习体验的贡献集中体现在以下两方面：

一是教学模式发生变化。新形态教材在呈现形式上展现出极大的丰富性和兼容性，它们不仅提供了可移动和高互动的学习环境，而且增加了获取多样化教育资源的途径。这种教材通过文字、图片、声音、图像等多模态语言材料，多维度刺激学习者的感官接收语言信息，从而提高学生的学习动机、认知效率和自主学习能力。此外，新形态教材的使用还有助于提升学生的自我效能和学业成绩，促进学生多元智能的协同发展。因此，新形态教材的使用不仅重构了教学流程的时序，更深入到对教学模式和认知目标的重新审视。这种模式引领多维育人目标互动协同，关注学生多元能力的同步发展，实现课堂物理空间与网络空间的相互融合，线上与线下的无缝衔接。课前学生线上主动参与，课中教师面授主导，课下师生共同思考，形成了更加紧密的教学互动。相比之下，使用纸质教材的传统教学模式在教学流程和认知目标上较为固定，缺乏灵活性和互动性，难以满足学生的个性化学习需求。

二是学习资源得到延展。新形态教材突破了纸质媒介的限制，打破了知识和学习的时区边界。数字化学习资源的延伸满足了随时随地学习的需求，增加了学生的学习兴趣，降低了学习焦虑。教师在这一过程中发挥了引领作用，加强对学习活动的支架设计，尤其是呈现学习成果的输出支架，并对学生的学习过程提供个性化的干预和指导。新形态教材的配套学习平台在促进个性化学习、增强教学互动性、实现教学资源的动态更新以及提供实时的学习反馈和评估等方面发挥着重要作用。学习平台通过大数据和人工智能技术，为每个学生提供个性化的学习路径和资源推荐，这是传统纸质教材很难实现的目标。例如，通过扫描教材上的二维码可以快速访问教材配套学习资源和网络拓展资源，学生可以灵活调用学习资源，自定步调开展个性化学习。此外，教师通过创设教学情境，在教材文本和文化生活之间建立联系，并提供文本分析和诠释路径，引导学生对文本或视频呈现的语篇信息和文化现实进行批判性解读和建构，加深了学生对语言内涵和文化知识的深层领悟。

笔者对几所高校使用新形态教材的大学英语教师及学生进行了一系列调查和访谈，结果发现：总体上，教师和学生对新形态教材的使用持有较高的满意度和认可度，这反映了新形态教材的有效使用是教师个人因素（如教师信念、专业发展等）和教学环境因素（如数字素养、情绪劳动等）协同作用的结果。但另一方面，尽管广大教师充分认可数字技术在外语教学中不可获缺的地位，教师的数字化信念并没有完全转化为高效的数字化教学实践，突出表现在教师利用智能技术跟踪和追溯学生学习过程并提供个性化指导或干预明显不足。这一点与胡杰辉、张铁夫（2023）的研究结果一致，提示我们在推动新形态教材的使用过程中，需要更多地关注教师的专业发展和数字化教学能力的提升。

4. 结　语

本研究基于目前高校英语教材新形态与教学新常态对接过程中的问题与挑战，能动性地构建了大学英语新形态教材设计理路和结构框架，并探索把新形态教材引入大学英语教学领域的教学方案和实施路径，以期打造纸质教材和数字教材互为一体、同步设计、整体研发的教学生态系统。未来新形态教材建设应进一步聚焦构建全面系统的新形态教材理论体系、打造多元联动的新形态教材研究队伍、探索新形态教材驱动的学习支持服务模式，为大学英语教学数字化变革提供个性化、智能化、全程化服务。

参考文献

[1] Bao D. *Creativity and Innovations in ELT Materials Development* [M]. Beijing: Foreign Language Teaching and Research Press, 2021.

[2] Berg S A, Hoffmann K & Dawson D. Not on the same page: Undergraduates' information retrieval in electronic and print books [J]. *The Journal of Academic Librarianship*, 2010, 36 (6): 518–525.

[3] Daniel D B & Woody W D. E-textbooks at what cost? Performance and use of electronic v. print texts [J]. *Computers & Education*, 2013, 62 (1): 18–23.

[4] Dashtestani R. EFL teachers' knowledge of the use and development of computer-assisted language learning (CALL) materials [J]. *Teaching English with Technology*, 2014, 14 (2): 3–26.

[5] Gerhart N, Peak D & Prybutok V R. Encouraging E-Textbook adoption: Merging two models [J]. *Decision Sciences Journal of Innovative Education*, 2017, (2): 191–218.

[6] Khalid A S, Mary L K, Anisa A H, Zainab A S & Mariam A W. Are we ready for e-books? Omani university students' uses and perceptions of e-books [J]. *The Turkish Online Journal of Educational Technology*, 2017, 16 (2): 11–25.

[7] Mishan F. Language learning materials in the digital era [A]. In Norton J & Buchanan H (eds.). *The Routledge Handbook of Materials Development for Language Teaching* [C]. London & New York: Routledge, 2022. 17–29.

[8] Motteram G. Developing language learning materials with technology [A]. In Tomlinson B (ed.). *Materials Development in Language Teaching* (2nd Ed.) [C]. Cambridge: Cambridge University Press, 2011. 303–327.

[9] Reinders H & White C. The theory and practice of technology in materials development and task design [A]. In Harwood N (ed.). *English Language Teaching Materials: Theory and Practice* [C]. Cambridge: Cambridge University Press, 2010. 58–80.

[10] Weisberg M. Student attitudes and behaviors towards digital textbooks [J]. *Publishing Research Quarterly*, 2018, 27 (2): 188–196.

[11] 葛军, 梁晓波. 外语数字化学习资源视觉呈现设计策略 [J]. 现代远距离教育, 2018, (5): 81–89.

[12] 郭利强, 谢山莉. 融入AI的数字教材编制伦理审视与风险化解 [J]. 远程教育杂志, 2021, (4): 104–112.

[13] 胡春华, 吴丽环. 教育数字化背景下的混合式大学综合英语智慧课堂创新转型 [J]. 外语电化教学, 2023, (4): 32–37, 117.

[14] 胡杰辉, 张铁夫. 中国高校外语教师数字素养的信念与实践研究 [J]. 外语与外语教学, 2023, (5): 73–85.

[15] 江波, 杜影, 顾美俊. 智能教材研究综述 [J]. 开放教育研究, 2022, (3): 39–50.

[16] 金石, 王璐露, 宛敏. 线上线下混合式教学的反思与策略优化 [J]. 中国大学教学, 2022, (11): 72–77.

[17] 李锋, 盛洁, 黄炜. 教育数字化转型的突破点: 智能教材的设计与实现 [J]. 华东师范大学学报（教育科学版）, 2023, (3): 101–109.

[18] 马艳，李学斌.数字教材应用中教师角色转变的困境与策略[J].电化教育研究，2022，(10)：116-121，128.

[19] 王俊.外语教材数字化路径与思考[J].数字出版，2021，(12)：47-49.

[20] 王然，郭鸿.电子教材的研究与设计[J].中国远程教育，2014，(5)：82-87.

[21] 吴永和，颜欢，陈宇晴.教育数字化转型视域下的新型教材建设及其标准研制[J].现代远程教育研究，2023，(5)：3-11，21.

[22] 吴永和，杨飞，熊莉莉.电子课本的术语、特性和功能分析[J].现代教育技术，2013，(4)：5-11.

[23] 杨港."立体化教材+互联网资源"驱动的大学英语教学设计研究[J].外语电化教学，2019，(1)：23-29.

[24] 杨港.大学英语立体化教材研究：理论与实践[M].北京：中国社会科学出版社，2020.

[25] 杨莉芳.大学英语新形态教材：内涵、开发原则与核心特征[J].外语界，2024，(1)：57-64.

[26] 杨琳，吴鹏泽.面向深度学习的电子教材设计与开发策略[J].中国电化教育，2017，(9)：78-84.

[27] 叶波，贺丽.数字教材的知识观念、形态及编制[J].课程·教材·教法，2021，(3)：38-44.

[28] 余宏亮，王润.数字教材体系：价值意蕴、结构要素与建构路向[J].全球教育展望，2022，(11)：60-68.

[29] 钟岑岑，余宏亮.中小学数字教材研究20年：历程、特点与展望[J].教育科学，2021，(6)：54-61.

思政引领、数智赋能、守正创新——新形态大学英语教材编写研究

陈彦婕[1]　戴朝晖[2]

（1. 复旦大学出版社，上海 200433；2. 上海大学 外国语学院，上海 200444）

提　要：本研究选取了当前国内主流的三套大学英语教材，分析了教材的内在形态和外在形态。研究表明这些大学英语教材具备新形态外语教材的特点，贯彻了国家教材委员会对教材建设的要求，体现了思政引领、数智赋能和守正创新的原则。教材的外在形态均为纸质教材加多媒体网络形式，部分教材具备数字化生态环境。课程思政要素以隐性的方式融入教材中，但课程思政要素分布不均，国家层面社会主义核心价值观要素和资源有待充实。此外，数智赋能外语教材尚待加强，对于教学的促进仍有短板等。据此，本文对今后新形态大学英语教材编写提出了建议。

关键词：大学英语；教材；新形态；编写

Abstract: This study selected three sets of popular college English textbooks and analyzed the distribution of topics, the integration of values, and the external form of the textbooks. The results show that these college English textbooks conform to the requirements issued by the National Textbook Committee and possess the characteristics of new-form foreign language teaching materials. They embody principles of ideological and political guidance, digital intelligence empowerment and integrity and innovation.

基金项目：本文系国家社科基金一般项目"信息化时代高校外语教材价值体系构建中的教师作用研究"（编号20BYY109）以及上海外国语大学外语教材研究项目"新形态大学英语教材编用研究"（编号202412349SH）的阶段性成果。
作者简介：陈彦婕，硕士，复旦大学出版社高级编辑，研究方向：外语教学与教材；戴朝晖（通讯作者），博士，副教授，研究方向：外语教学理论与实践。

The external forms of the textbooks are in paper plus multimedia network forms, and some textbooks have developed a digital ecological environment. The ideological and political elements of the curriculum are integrated into the textbooks in an implicit way. However, they are unevenly distributed, especially the core values at the national level are myriad. What's more, the digital intelligence empowerment of foreign language textbooks still needs to be strengthened, and their roles in promoting language teaching need to be enhanced. Based on the above findings, this paper puts forward some suggestions for the future compilation of the new-form college English textbooks.

Key words: college English; textbooks; new forms; compilation

1. 引 言

信息技术与人工智能的迅猛发展，对外语教学产生了深刻的影响，催生了适应时代变革发展的新形态外语教材的建设和研究。继国家教材委员会出台《关于做好党的二十大精神进教材工作的通知》（国教材办〔2022〕3号），确立了教材建设在国家建设中的重要地位之后，国家教材委员会又作出重要工作部署，主要就"课程思政引领、数字化转型、教材质量提升、教材研发队伍建设"等四个方面开展系列行动以加强教材建设和管理。

教材是外语教学中最基本的要素，既是学生学习一门课程的根本，也是教师教好一门课的主要依赖（束定芳，张逸岗 2004）。国外外语教材研究始于20世纪80年代，主要集中于教材评估和选择或对教材编写给出可行性建议等（Tomlinson 2012），最初被认为是教学研究的分支。20世纪90年代中期开始，教材研究成为独立的学术研究领域，涵盖了教材评估、改编、设计、出版、开发和研究等方面，统称为"教材发展"（Bao 2018），重要研究成果层出不穷，在高校及教师培训机构如何使用教材促进语言学习等方面迈出了重要的一步。但是，国外学者对语言教材的研究多为共时性研究，涉及的领域和话题较为分散，个性的讨论多于共性的分析。

大学英语作为高等教育体系中重要的语言基础课程，在新形势下不仅要践行思政育人，更要守正创新地积极服务于国家整体的发展战略要求。因此，大学英语教材的研发与编写更应体现党的二十大精神以及国家教材委员会及教育部颁布的文件精神，结合《大学英语教学指南》（2020版）的实践原则，在立足大学英语教学实践的基础上，融合先进的外语教学理念，形成集纸质版和智慧版于一体的立体化教材。本文选取目前国内主流的大学英语教材，研究教材的编写现状，包括价值观融入以及形态变化等，为信息化时代新形态外语教材的编用提供借鉴。

2. 文献综述

教材的形态是指教材的中介表征形式，一般分为外在形态和内在形态（李政 2020），也称为物理形态和内容形态。外在形态指教材的呈现方式，如纸质教材，多媒体网络教材等，内在形态则指教材中材料内容的选择及组织编排方式等。

国内外学者从不同角度定义了新形态教材：内容上，新形态教材是结构化的文本和视觉内容的数字化（Knight 2015）；访问形式上，新形态教材可通过平台访问传统教材的数字形式，也可通过应用程序或互联网连接访问（Dobler 2015；Yalman 2015）；教材的功能上，新形态教材具备超文本链接、多媒体对象、交互式工具，以及搜索和交叉引用等功能（Brueck & Lenhart 2015；Rockinson et al. 2013）；交互性上，新形态教材具备用户、数字图书和环境相互交互（Bozkurt & Bozkaya 2015）。也有学者从宏观上探讨了新形态教材：Mishan and Timmis（2015）认为新形态教材包括印刷和数字材料包，以及众多的移动应用程序；杨莉芳（2024）认为新形态教材将纸质教科书与数字资源、教学资源库和在线课程融为一体，提供全方位、立体化的学习服务；刘沫潇（2024：50）指出新形态教材是适应媒体深度融合背景、挖掘不同媒介形态交互潜力的一种"创新体裁"。实际上，新形态教材是动态的概念（陈坚林 2024），无论内在形态亦或外在形态，均呈现动态变化的过程。

大学英语教材形态历经了多个阶段，逐步从传统的纸质教材转向新形态教材。从1961年始到90年代中期，我国大学英语教材编写虽从传统教学模式转为语言基础和交际能力并重（张敬源等 2017），但教材的形态仍以纸质教材为主。90年代中期后，随着信息技术的发展，大学英语教材形态发生了变化，从静态纸质形态向动态的网络化及数字化形态转变。

我国教育界历来重视教材建设和研究。国内学者对外语教材的研究多是历时性研究，重视对外语教材发展的总结和展望（如胡壮麟 2005；张敬源等 2017），尤其是陈坚林（2007）提出了第五代英语教材的编写设想与整体框架，即以理论、结构、方法三大板块组成的立体化教学系统；柳华妮（2011）和黄建滨、于书林（2009）整理并回顾了国内英语教材发展的历史轨迹及实践；杨港、陈坚林（2013）研究了21世纪以来高校英语教材研究的现状与问题。还有一些学者论述了我国大学英语教材编写的演进轨迹以及策略，提出新形态教材编写立体化、系统性和融合性的原则（陈珍珍 2010；刘沫潇 2024）。这些研究涉及外语教材的基本内涵、理论渊源、实践基础、历史沿革及当代价值等内容，但多数仅限于理论层面的探讨，尤其是对新形态外语教材的研究匮乏。

3. 新形态大学英语教材编写原则

近年来，教育部先后出台了多项政策推进新形态教材建设。2011年教育部颁布《教育部关于"十二五"普通高等教育本科教材建设的若干意见》（以下简称《"十二五"教材建设若干意见》），提出要推进数字化教材建设。2023年11月教育部发布《"十四五"普通高等教育本科国家级规划教材建设实施方案》（以下简称《"十四五"实施方案》）的通知，明确要求充分利用新一代信息技术，整合优质资源，创新教材呈现方式，加快以数字教材为引领的新形态教材建设，并指明坚持价值引领、需求导向、分类发展、守正创新的基本原则。

鉴于国家教材委员会对教材建设和管理的要求，大学英语新形态教材在编写上，既要忠实体现国家意志和要求、立体化教材的特点，也要严格遵循教材编写宗旨，即思政引领、数智赋能、守正创新。

3.1 思政引领

思政引领指的是大学英语教材应以社会主义核心价值观为发展主线，强化教材育人理念，为培养担当中华民族复兴大任的时代新人提供坚实支持，即"进教材"要系统，"进课堂"要生动，"进头脑"要扎实，其核心就是立德树人。外语教材建设应服务于特定的社会文化背景，除了关注语言技能的提高外，还应涵盖思辨和德育目标（徐锦芬，刘文波 2023）。作为教育的根本任务，立德树人应贯穿于教材的整体设计、内容选择和练习编排等环节，充分体现中国特色社会主义外语教育发展的核心价值取向。社会主义核心价值观在我国价值观中起着主导作用，是社会主义意识形态中思想文化体系不可或缺的重要内容（曾长秋，曹挹芬 2014），是中华民族精神与时代精神的体现，指明了"立德树人"努力的目标和境界。社会主义核心价值观提出了"三个倡导"，即富强、民主、文明、和谐是国家层面的价值目标，自由、平等、公正、法治是社会层面的价值取向，爱国、敬业、诚信、友善是公民个人层面的价值准则。就组成内容而言，社会主义核心价值观以马克思主义为灵魂，保证了中国特色社会主义的政治方向；以民族精神和时代精神为精髓，促进牢固树立爱国主义思想，增强责任感、使命感，改革创新、无私奉献、实现自我价值；以社会主义荣辱观为基础，倡导诚实守信、团结互助、遵纪守法、艰苦奋斗、爱国奉献等基本行为准则；以共同理想为主题，激发学生对美好生活的向往和追求，产生顽强拼搏、立志成才、勇于前进的精神动力，同时，多元包容、尊重差异，最大限度地形成社会共识（见表1）。因此，教材应以社会主义核心价值观为思政引领主线，同时又将其看作人类命运共同体所应具有的基础，使两者在整个教材体系中相辅相成，相互交融，共同促进并实现外语教育中立德树人的任务和目标。鉴于此，大学英语教材应通过课前、课中、课后教学设计，辅以立体化的教材内容，帮助学生提高语言能力、开拓国际化视野、培养跨文化交际能力，同时，塑造和引领其价值观，把"家国情怀、文化自信、人格养成"融入语言教学，让学生在语言学习与运用中得到全面的发展。

表1 社会主义核心价值观名称及定义表

层次	价值观	定义
国家层面	富强	强国；公民健康和幸福
	民主	权利归人民
	文明	物质文明、精神文明、政治文明、生态文明
	和谐	人与朋友、家庭等的和谐；人与自然的和谐；国家之间的和谐
社会层面	自由	政治权利的自由；自我发展和自我实现的自由
	平等	法律面前人人平等；城乡融合发展
	公正	持有某些普遍标准，对所有人和所有事物持有公正态度；具备规范原则体系的社会
	法治	依法治国；建立完备的法制体系，法律至上；适当分配和限制权利；保护和规范公民的人身权利和自由
个人层面	爱国	自觉为祖国服务；热爱祖国的每一寸土地；热爱同胞和灿烂的文化；认同国家的发展成就
	敬业	热爱自己的工作；勤奋工作；把工作当成人生的信念；正确的就业观
	诚信	说真话，实事求是；遵守诺言
	友善	对朋友、家庭和他人友善；合作；感恩

3.2 数智赋能

数智赋能指的是大学英语教材应充分利用信息技术和人工智能技术为外语教学赋能增量，提高教与学的效果和效率。大学英语教材应该注重线上线下教学资源的整合，不仅有线下的纸质版本，还需要有线上的智慧版本，同时，实施一体化设计，实现纸质教材内容与网络资源的充分关联（王守仁 2022）。纸质版提供的外语课程基于价值观体系的各项语言技能训练要素，包括听、说、读、写、译技能和跨文化交际技能，智慧版则以开放式的网络平台形式呈现给学习者，在纸质版的基础上扩充内容，提升质量，具体体现为：（1）知识传授从"点"扩大到"面"，再扩大到"网"，网状化的知识传授更加全面且有效；（2）因网上资源开放且海量，纸质版上的内容可以在智慧版上得到极大延伸，教与学的手段和方式得到不断完善；（3）充分利用智慧版的网络特点和技术功能可以高效地践行混合式教学，达到智慧赋能教与学的目标。数智赋能的过程是通过基础、提高和发展三个层次的要求，使学生首先学会用英语正确表达思想，进而能够用英语讲述身边的故事，传递时代信息，最后达到运用批判性思维辩证地看待选材中作者的观点，进行跨文化对比，扩展思维的广度和深度，从而达到价值塑造的目的。

3.3 守正创新

守正创新是指要坚守正道，即教与学要符合外语学科的特点与规律，并在此基础上进行改革和创新。在大数据和人工智能大发展的今天，外语学科最能体现其守正创新的就是教材。因此，大学英语教材的编写过程须遵循语言学习的特点与规律，在课程思政引领的指导思想下，兼容外语教学体系的各大要素（教师、学生、教材、教法、理论、技术等），力求在课文编排、内容选择、训练难易程度、文化要素与价值观体系融合等方面有所突破和创新，立足立德树人和智慧赋能，使教材符合教师、学生、社会的真正需求，达到守正创新的目的。为此，在教学实践中，提倡教材的"活用"，把教材编成、用成"活书"，带动大学英语教学模式的创新改革，应用网络平台、教学应用程序等技术，把网上优质教育资源嵌入教学内容，实施基于课堂和在线网上课程的翻转课堂等混合式教学模式，使课堂教学与基于网络的学习无缝对接，发展学生的数字化学习能力。

综上，新形态大学英语教材的研发既要落实思政引领的指导思想，又要遵循语言学习的特点和规律，不能相互割裂或相互排斥，使思政内容与语言学习形成一个互相补充的生态整体。并且以混合式教学模式为目标，根据线上与线下教学特点进行针对性设计，满足学生个性化学习需求（杨莉芳 2024）。

在践行中国式现代化的背景下，形成整理教材发展历程和研究当前教材建设实践的良好互动，推动新时代中国特色的外语教材建设工作，使之服务于构建外语教育话语体系，增强国家文化软实力的历史进程，这对外语教材发挥引荐西方文明，传播中国文化的媒介作用将产生积极影响。

4. 新形态大学英语教材编写现状

本研究根据思政引领、数智赋能以及守正创新的新形态教材编写的原则，从内在形态和外在形态两方面分析当前国内主流大学英语教材。大学英语教材外在形态的分析主要涵盖教材的立体化、数字化、智慧化形态等，以及教材在编排中所体现的创新性。内在形态的分析主要涵盖教材的知识性、思想性等，知识性维度考察教材编排所涉及的内容，思想性维度则从社会主义核心价值观的内涵出发，探讨大学英语教材价值观融合方式及情况。通过探究目前这些主流教材的编写现状，分析存在的问题，并提出建设性的建议。

4.1 研究问题

本研究主要探讨以下三个问题：

1）大学英语教材内在形态主要涵盖哪些主题？这些主题在教材中出现的频率如何？

2）大学英语教材融合了哪些价值观？是否符合社会主义核心价值观的要求？

3）大学英语教材外在形态存在什么特点？如何融合体现创新性？

4.2 样本选取

本研究选取三套目前国内主流的大学英语教材作为样本，分别命名为大学英语教材X，大学英语教材Y，以及大学英语教材Z。这三套大学英语教材分别由国内几家主要的外语教材出版社出版发行，在全国各高校使用范围广泛。这些教材经过多年的版本更新，融入了新的教材内容，特别是近年来数字资源的融合，具备新形态大学英语教材特征。

为了便于分析，本研究规则化了各套教材命名，字母"B"代表一套教科书中每本单独的册。字母"U"代表教科书的每个单元。由于一个单元中有多个文本，因此字母"A""B"和"C"代表一个单元中的每个文本。大学英语读写教程既有翻译文本，也有阅读文本，所以字母"R"代表阅读文本，"T"代表翻译文本，如，"B1U1-TA"表示第1册第1单元中的翻译文本A。

4.3 研究过程

本研究主要采用质性分析的方法，考察所选三套大学英语教材的内在形态和外在形态现状，并分析存在的问题。内在形态的分析采用文本分析法，利用定性分析工具NVivo 13对上述三套教材中的文本进行分析，通过分析教材文本主题和内容，如人物刻画、故事情节、情感表达、环境描述等，以及从价值观植入的频率和方法等挖掘三套大学英语教材内在形态现状及存在的问题。通过分析教材的线上线下平台及资源，了解所选三套大学英语教材的外在形态现状及存在的问题。

研究主要包括以下四个步骤：

首先，将所有三套教材课文电子文档收入相应的文件夹中。大学英语教材X每册书由8个单元组成，每个单元有2篇阅读文本和翻译。这套教科书总共有128个文档。大学英语教材Y每册由8个单元组成，每个单元有3篇课文，总共有96个文档。大学英语教材Z每册有8个单元，每个单元由2篇课文组成，因此总共有64个文档。

其次，将三套大学英语教材所有文本导入质性分析软件中，分别分析每套教材的主题、核心价值，以及内外在形态特征等。

第三，通过自动编码功能和手动编码对课文文本进行编码，总结文本的核心价值。自动编码用于根据主题逐句对所有文本进行编码。然后，笔者需要根据社会主义核心价值观的理论框架，对自动编码的结果进行手工编码。

第四，采用矩阵编码分析每套教科书中体现的主题、核心价值观数量及其频率，探索三套大学英语教材的异同。

5. 结果与分析

5.1 大学英语教材主题分布情况

大学英语教材主题涉及面较广（见图1），涵盖学习、生活、文化、交流、旅游以及科技进步等各方面，其中不乏涉及爱国、诚信、友善、公正等社会主义核心价值观的单元内容。教材中涉及最多的主题是浪漫和爱情，其次是环境保护、资金管理和成功人生等主题；在体裁上以故事性为主，结合大学生活、语言学习等语境，这样的选材既符合大学生年龄特点和兴趣爱好，也在外语学习中潜移默化地进行了价值观的教育。但部分教材存在国外人物故事偏多，在立足本国、讲好中国故事的内容编排上略显不足等问题。

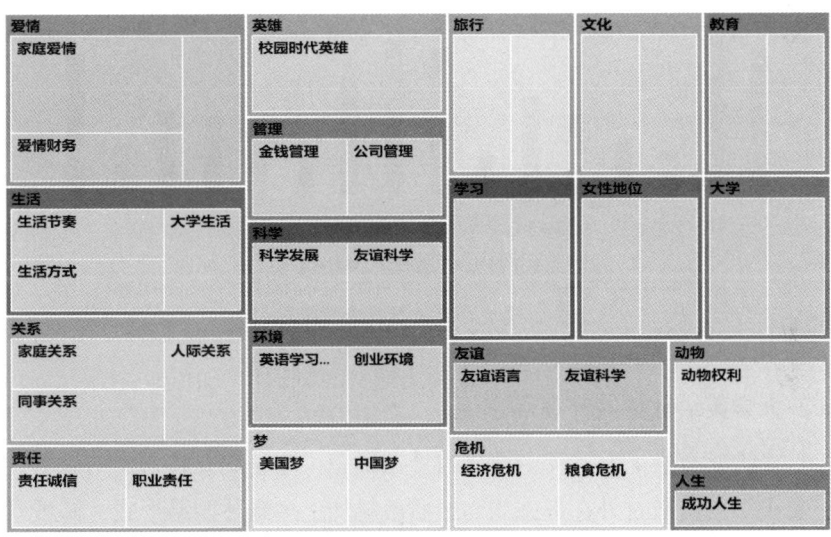

图1 三套大学英语教材主题编码图

5.2 大学英语教材价值观融入情况

从价值观融入情况看，三套教材均不同程度地融入了社会主义核心价值观，涉及国家、社会和个人三个层面，尤其是法治、民主、自由等主题，对于家国情怀及爱国主义思想的融入，三套教材在内容的选择上较为符合国家战略要求。部分教材的课文内容涉及"一带一路"、中国梦以及"扶贫工程"等，政治性和体系性均较强，但各类教材融入程度并不平均。具体而言，教材融入的核心价值观频次从高到低排列依次是文化、文明、和谐、爱国、友谊、责任等，涉及最少的价值观是信赖、民主、诚实、自由、法律、公正等（见图2）。从总体分布看，教材中的社会主义核心价值观缺乏体系化，且个人层面的核心价值观略多。

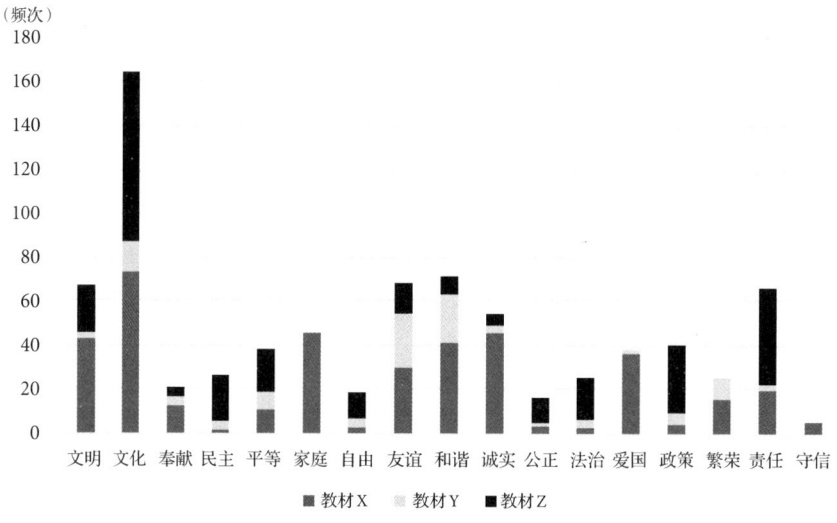

图2 三套大学英语教材价值观融入

5.3 大学英语教材的外在形态

本研究考察了大学英语教材的外在形态，即呈现方式，从结果看，三套大学英语教材外在形态均为纸质教材加上多媒体网络形式，即纸质教材的数字化。具体而言，大学英语教材X依托网上校园平台，将教学活动从课堂扩展到了数字校园生态环境，学生除可以学习教材中的所有内容，并获取学习记录和评价外，还能利用学校自行购买的其他网络应用，在同一平台上完成包括英语口语、写作和笔试等测试并获取成绩，教师也可实时掌握学生的学习情况。大学英语教材Z使用了在线平台，可记录学生网上的学习情况，但平台生态环境有待完善，还需辅以更多的平台应用。大学英语教材Y实现了教材的立体化，不仅能记录学生的网上学习情况，还能对写作、朗读等主观题实行自动评分，一定程度上助力了学习的个性化。

6. 讨论及建议

从以上对大学英语教材的内在形态分析，即主题分布、价值观融入等，以及对教材外在形态的分析可知，这些教材均在一定程度上体现了国家教材委员会对教材建设的要求，教材的编写遵循立体化、思政引领和数智赋能的原则，但也存在提升空间。鉴于此，笔者对未来新形态大学英语教材编写提出如下建议。

6.1 进一步加强国家层面的社会主义核心价值观融合

习近平总书记在全国思想政治理论课教师座谈会上曾提到，要坚持显性教育和隐性教育相统一，挖掘课程和教学方式中蕴含的思想政治教育资源。价值体系教育发展历史经历了从20世纪60年代中期的价值观澄清学派到20世纪90年代的综合化价值教育过程。价值观澄清学派认为教师不能把价值观直接教给学生，在强调帮助学生形成本人价值体系的同时，却不承认现实生活中存在一套公认的道德原则和价值观，人们只能通过分析评价等方法自行获取，这必将导致价值体系的混乱。而以Clive Beck为代表的综合化价值教育理论则反对强制灌输，坚持价值教育的个体发展功能和学生主体原则，倡导价值的引导和引领。国内也有不少学者认为外语教学中，任课教师要强化育人意识，将思政教育贯穿于教学的各个环节，体现思政育人的隐性特点（袁晓亮 2020）。

社会主义核心价值观分为国家、社会和公民个人三个层面。从本研究对大学英语教材主题和价值观的分析来看，课程思政要素以隐性的方式融入教学材料中，通过故事、名言警句以及政治类文本学习的方式对学生进行立德树人的教育，但课程思政要素的分布不均，主要集中于个人和社会层面的友善、平等、爱国等，而国家层面的民主、文明等主题涉及不多。究其原因，主要是这些主题内涵较为复杂，学生不容易把握，用英语表达相关概念存在一定的困难，教师在设计教学时也觉得棘手,在教学中不容易调动课堂气氛。但把牢政治方向,培养核心政治意识是重要任务,离不开国家层面价值观的宣传和引导。有鉴于此,教材的编写可充分利用网络教学平台,提供给学生足够的相关学习背景和知识,给学生搭好脚手架,并充分利用新形态教材的优势,建立在线学习社区,引导学生讨论交流,同时深挖价值观内涵,利用学生喜闻乐见的事例及活动,如学生会选举、模拟联合国等,内化学生的核心价值观。

6.2 提升大学英语新形态教材数智赋能的有效性

赋能,顾名思义,就是为某一主体赋予某种能力和能量。它是源自心理学的一个概念,随着信息技术的颠覆式创新和井喷式发展,赋能一词被越来越多地用来表述新一代信息技术给当代社会各个领域、产业、行业的创新变革和发展所带来的内生性驱动力量。赋能是满足或实现自我和实现需求的一种机制,可以促进内在动机以及更高的绩效。数智赋能是指在移动互联网+环境下,数字智能技术与教育教学深度融合,为教育创新和课堂教学改革赋能加力的过程,实质上是借助互联网和大数据分析,实现教学行为人性化、人机互动自然化、教学过程合理化以及教学情境虚拟化(陈坚林 2020),为提升教育质量、提高课堂教学效率尤其是学习效率提供内源性动力和技术支持的教育信息化过程。

从本研究对大学英语教材的分析结果看,这些教材均采用了立体化的外部形态,但数智技术并未充分赋能外语教材,不少教材仍是纸质教材的网络化,即把学生纸质教材的练习搬到网上,而网上资源没有起到对纸质教材的有效补充和扩展,一些平台的学习数据分析缺乏可视化呈现,没有"驾驶舱"等可供教师进行全局把控的分析数据,对于教学的促进作用存在短板。新形态教材强调纸质教材和网络知识资源一体化、动态设计,未来的教材编写须充分考虑这一要素。

6.3 拥抱新技术,守正再创新

当前社会信息技术突飞猛进,人工智能融入外语教学已是大势所趋,无论教材编写者和教材使用者,都要积极拥抱新技术,在结合外语学科特点和规律的基础上，充分发挥创新意识，换道超车，进一步推进外语新形态教材的建设。比如利用人工智能技术，重构外语教学生态，利用新形态外语教材，充分推进个性化学习。新形态外语教材具备教育数据预测和数据挖掘，在分析学生学习数据的基础上，结合知识图谱，个性化评测学习结果，并推送学习资源，教师则可及时动态掌握学生学习情况，为学生提供个性化的课堂教学和辅导。基于语言大模型技术，人工智能技术生成虚拟陪练(avatar)，与教师虚实结合，提升学生的学习效果和获得感。

7. 结　语

为贯彻党的二十大精神，加强教材建设和管理，国家教材委员会近期作出重要工作部署，就"课程思政引领、数字化转型、教材质量提升、教材队伍建设"等四个方面开展系列行动。大学英语作为高等教育体系中一门重要的语言基础课程被赋予了新的使命，不仅要践行思政育人，更要守正创新地积极服务于国家整体的发展战略要求。因此，大学英语教材的编写与研究必须贯彻党的二十大精神，落实国家教材建设工作中的思政育人"三进"原则，即"进教材"要系统，"进课堂"要生动，"进头脑"要扎实，注重思政引领、智慧赋能、守正创新。

本研究选取了当前国内高校普遍使用的三套新形态大学英语教材，分析了教材主题分布情况、价值观融合情况，以及教材外在形态。研究表明大学英语教材均体现了国家教材委员会对教材建设的要求，体现了思政引领、数智赋能和守正创新的原则，具备新形态外语教材的特点，课程思政要素以隐性的方式融入教材中，教材的外在形态均为纸质教材加上多媒体网络形式，部分教材开发了数字化生态环境，体现了学习的个性化，但课程思政要素分布不均，尤其是国家层面核心价值观要素涉及不足，数智技术并未能充分赋能外语教材，对纸质教材的有效补充和扩展作用有限。基于以上发现，本文提出了加强教材思政引领，提高外语教材数智赋能有效性，关注人工智能技术在外语教学中的应用等建议。诚然，本研究所选取的大学英语教材种类数量有限，未来研究可按照课程性质选取不同种类的教材，并从教师或学生的角度进一步探究新形态大学英语教材的编写与使用。

参考文献

[1] Bao D. *Creativity and Innovations in ELT Materials Development* [M]. Beijing: Foreign Language Teaching and Research Press, 2018.

[2] Bozkurt A & Mujgan B. Evaluation criteria for interactive e-books for open and distance learning [J]. *The International Review of Research in Open and Distributed Learning*, 2015, 16 (5): 58–82. doi:10.19173/irrodl.v16i5.2218.

[3] Brueck J S & Lenhart L A. E-Books and TPACK: What teachers need to know [J]. *The Reading Teacher*, 2015, 68 (5): 373–376. doi:10.1002/trtr.1323.

[4] Dobler E. E-Textbooks: A personalized learning experience or a digital distraction? [J]. *Journal of Adolescent & Adult Literacy*, 2015, 58 (6): 482–491. doi:10.1002/jaal.391.

[5] Knight B A. Teachers' use of textbooks in the digital age [J]. *Cogent Education*, 2015, 2 (1): 1015812. doi:10.1080/2331186X.2015.1015812.

[6] Mishan F & Ivor T. *Materials Development for TESOL* [M]. Edinburgh: Edinburgh University Press, 2015.

[7] Rockinson-Szapkiw A J, Jennifer C, Kimberly C & David B. Electronic versus traditional print textbooks: A comparison study on the influence of university students' learning [J]. *Computers & Education*, 2013, 63 (2): 259–266. doi:10.1016/j.compedu.2012.11.022.

[8] Tomlinson B. Materials development for language learning and teaching [J]. *Language Teaching*, 2012, 45 (2): 143–179. doi:10.1017/S0261444811000528.

[9] Yalman M. Preservice teachers' views about e-book and their levels of use of e-books [J]. *Procedia — Social and Behavioral Sciences*, 2015, 176: 255–262. doi:10.1016/j.sbspro.2015.01.469.

[10] 陈坚林. 大学英语教材的现状与改革——第五代英语教材研发构想[J]. 外语教学与研究，2007，(5)：374–378.

[11] 陈坚林. 试论人工智能技术在外语教学上的体现与应用[J]. 北京第二外国语学院学报，2020，42 (2)：14.

[12] 陈珍珍. 论我国大学英语教材编写的演进轨迹[J]. 浙江师范大学学报（社会科学版），2010，(2)：104–107.

[13] 胡壮麟. 新世纪的大学英语教材[J]. 外语与外语教学, 2005, (11): 28-31.
[14] 黄建滨, 于书林. 20世纪90年代以来我国大学英语教材研究: 回顾与思考[J]. 外语界, 2009, (6): 77-83.
[15] 李政. 职业教育新形态教材: 内涵、特征与编写策略[J]. 职教论坛, 2020, (4): 21-26.
[16] 柳华妮. 国内英语教材发展150年: 回顾与启示[J]. 山东外语教学, 2011, (6): 61-66.
[17] 刘沫潇. 新形态教材建设: 现实意义、编写策略与开发路径[J]. 中国出版, 2024, (1): 50-53.
[18] 束定芳, 张逸岗. 从一项调查看教材在外语教学过程中的地位与作用[J]. 外语界, 2004, (2): 56-64.
[19] 王守仁. 坚持思想性与科学性统一, 发挥高质量外语教材的引领作用[J]. 外语教材研究, 2022, (0): 37-43.
[20] 徐锦芬, 刘文波. 外语教材使用: 分析框架与研究主题[J]. 现代外语, 2023, 46, (1): 132-142.
[21] 杨莉芳. 大学英语新形态教材: 内涵、开发原则与核心特征[J]. 外语界, 2024, (1): 57-64.
[22] 杨港, 陈坚林. 2000年以来高校英语教材研究的现状与思考[J]. 外语与外语教学, 2013, (2): 16-19.
[23] 袁晓亮. 思想政治教育元素融入翻译专业综合英语课程方法论[J]. 齐齐哈尔大学学报(哲学社会科学版), 2020, (10): 181-184.
[24] 张敬源, 王娜, 曹红晖. 大学英语新形态一体化教材建设探索与实践——兼析《通用学术英语》的编写理念与特色[J]. 中国外语, 2017, 14, (2): 81-85.

| 外语教材发展研究

基于可视化分析的国内ESP教材研究综述（2006-2023）

谈家明　王勃然　马睿希

（东北大学 外国语学院，沈阳 110819）

提　要：随着我国大学英语教学的深入改革，专门用途英语（ESP）教学持续发展。作为其基础组成部分，ESP教材对于确保ESP教学质量至关重要。研究ESP教材的热点及发展趋势，对于推动ESP建设具有重要意义。本研究以中国知网数据库2006-2023年间的国内ESP教材相关文献为样本，运用文献计量软件CiteSpace及CNKI可视化分析工具，对国内ESP教材的研究现状、高被引文献、研究热点和研究趋势进行综合评述。结果发现，ESP教材的相关研究在国内经历了三个时期：起步期、波动增长期、放缓深化期；教材的开发建设、评估标准以及需求分析是研究的几大热点。此外，ESP研究进程可以分为三个阶段，每个阶段都具有差异性和时代性。

关键词：ESP教材；可视化分析；CiteSpace；研究综述

Abstract: With the in-depth innovation of college English teaching in China, ESP teaching is continuously developing. As its basic component, ESP textbook is crucial to ensure the quality of ESP teaching. To research the hot spots and development trends

---

基金项目：2022年度辽宁省普通高等学校本科教学改革研究项目"辽宁省高校大学英语ESP教材建设与使用研究"、辽宁省"兴辽英才计划"教学名师项目（项目号：XLYC2211008）。
作者简介：谈家明，东北大学外国语学院硕士研究生，研究方向：二语习得与测试研究；王勃然，博士，东北大学外国语学院教授，硕士生导师，研究方向：外语教育、心理语言学；马睿希，东北大学外国语学院硕士研究生，研究方向：心理语言学、外语教学研究。

of ESP textbook is of great significance to promote its construction. This study takes China's ESP textbook literature from 2006 to 2023 in CNKI database as the sample and utilizes the bibliometric software CiteSpace and CNKI visualization tools to comprehensively review the current research status, highly-cited literature, hot spots, and trends of domestic ESP textbooks. The results show that the related research on ESP textbooks in China has undergone three periods: the initial stage, the fluctuating growth stage, and the slowdown and deepening stage. The development and construction of textbooks, evaluation standards, and needs analysis are the major hot spots of research. Additionally, the ESP research process can be divided into three stages, each with distinct characteristics and era significance.

Key words: ESP textbook; visualized analysis; CiteSpace; research review

1. 引 言

随着全球化的推进和语言教育国际发展的深化，英语学习已逐渐从传统的通用英语（EGP）转向专门用途英语（ESP）。ESP专注于特定行业的术语和沟通策略，旨在帮助学习者有针对性地提升语言能力，满足其专业需求，从而在各自领域中脱颖而出。国内ESP研究起步较晚，但经过多年发展取得了一定进展。在新时代背景下，新文科建设倡导培养具有跨学科能力的复合型人才，为ESP教学带来了新的发展机遇。

教学材料是教育项目的基本组成部分，对课程质量具有重大影响。经过合理设计与开发的教材，能够为课程提供更有意义、更高效的参与，有助于学习者更全面地学习和掌握知识。ESP教材是完成ESP教学的基础和保证，确保ESP课程教材的内容适合学习者及其需求，实现课程的有效性，已成为ESP教学中的关键问题（Utami 2019）。因此，开展ESP教材研究，对发展ESP教学，完善教材编写体系和推动我国的大学英语教学改革具有重要意义（王艳 2011）。

21世纪以来，伴随ESP教学的蓬勃发展，ESP教材研究逐渐获得学者关注。然而相比其他课程教材研究，ESP教材研究仍存在一定的提升空间，面临与时代发展和学生实际需求不相适应，以及研发局限性滞后性等问题（黄渊柏 2022）。因此，ESP教材研究亟需与时俱进，满足新时代人才培养的需求，并在创新上取得新的突破。

对ESP教材的研究综述能够有效地揭示相关领域的研究现状。国内已有的ESP综述性文章普遍关注教材如何系统地反映学科前沿知识，为我国ESP教材研究做出了一定贡献，但仍存在不足之处。在研究内容的层面，ESP教材研究往往作为综述的一个部分被提及，目前鲜有专家学者对其成果进行专门且系统的剖析；在研究方法层面，现有的分析大多基于主观内容的解读，而运用科学计量工具进行的客观分析相对较少，尚未有研究通过可视化知识图谱的方式，直观地展示该领域的研究热点、研究现状以及未来的发展趋势。

本研究以中国知网数据库2006-2023年间的国内ESP教材相关文献为样本，运用文献计量软件CiteSpace及CNKI可视化分析工具，对国内ESP教材的研究现状、研究热点和研究趋势进行综合评述，旨在为国内相关领域的研究提供有价值的参考和借鉴。

2. 研究方法

2.1 数据来源

本研究通过中国知网（CNKI）对国内ESP教材研究文献进行系统检索。为确保研究文献的全面性和准确性，初步筛选时分别设置"ESP教材"和"专门用途英语教材"为"主题""关键词"和"篇名"，检索年限为2006-2023年，检索工作完成于2024年3月5日。鉴于初步检索结果数量庞大，为提高研究的针对性和有效性，将检索结果按"相关度"从高到低排序，剔除与研究主题相关性不高的文献，如ESP教学、ESP课程等研究方向的文献，筛选后共获得期刊论文408篇。在此基础上，为保障研究数据的相关性和科学性，进行人工二次评估，排除了书评、会议论文、会议摘要等文献类型，以及内容无关或重复的文献。经过反复筛选和去重，最终确定165条与ESP教材研究相关的文献。

2.2 研究方法

本研究将收集到的165篇文献记录导入CiteSpace中，设置时间区间为2006-2023年，时间分区设置为1年，主题来源（Term Source）为标题、摘要、作者关键词和扩展关键词，阈值设置为Top$N$=25，运行程序，自动绘制知识图谱，对样本文献的关键词进行共现、聚类等节点分析。同时，本研究借助CNKI可视化分析工具对文献的年发文量分布和高被引文献两方面加以总结，并结合文献分析法梳理研究主题，以探究近年来ESP教材研究领域的发文情况和变化进程。在量化分析的同时，本研究对所有文献进行了全文阅读，以便更加全面地了解目前国内ESP教材研究领域的热点话题和发展规律。

3. 研究结果与分析

3.1 国内ESP教材研究总体现状

分析发文量可较为直观地反映国内ESP教材研究领域的研究热度和趋势。其中，分析发文量的增长趋势可以反映出该领域的研究活跃度，而发文量的稳定性和持续性则直观体现该领域的成熟度。整体来看，2006-2023年国内关于ESP教材的研究呈现较为稳定的持续增长态势，不断涌现出新的研究增长点（见图1），大致可分为三个时期：起步探索期（2006-2009）、波动增长期（2010-2017）、放缓深化期（2018-2023）。

21世纪初，受经济全球化影响，我国国际交流维度拓展，科技经贸等领域对外交流合作的需求不断增加。教育部颁布的《大学英语课程教学要求》指出，各高等院校"既要保证学生在整个大学期间的英语语言水平稳步提高，又要有利于学生个性化的学习，以满足他们各自不同专业的发展需求"（教育部高等教育司 2008：3）。这为ESP教学的发展提供了政策支持，促使其在高等职业院校、大学中逐渐获得重视（安晓灿，周龙 2010）。作为ESP教学的重要组成部分，ESP教材研究也步入起步探索期，此时相关发文量较少，年发文量低于5篇。

随着2010年《中国ESP研究》创刊，2011年中国外语教学研讨会专门用途英语专业委员会成立，我国外语教学对ESP教学的研究与探索持续升温。顺应大学英语教学改革进一步深入的需求，ESP教材研究进入波动增长期，于2013年迎来文献年发表数量的首个峰值，共计20篇。2017年教育部颁布的《大学英语教学指南》明确提出"大学英语教学的主要内容可分为通用英语、专门用途英语、跨文化交际三个部分，由此形成相应的三大类课程"（教育部高等学校大学外语教学指导委员会 2017：5），突出体现了ESP教学在大学英语课程中的重要地位。该举措引发了研究者对教材编写原则和评估的关注与讨论，促进了教材结构的优化和ESP教学体系的完善，使得ESP教材研究于2017年迎来第二个峰值。

2018-2023年间，ESP教学吸纳了国际上的ESP教材、MOOC以及微课等新兴教学资源。ESP教材的研究进程逐步放缓深化，文献数量于2023年达到谷值。与前一阶段相比，现有研究话题和研究视角亟待创新，突破性创新尚不明显。2021年教育部颁布的《新文科研究与改革实践项目指南》提出"推动建设跨学科、多学科交叉融合专业课程体系，推动数字化教材及配套资源建设"的目标（教育部 2021：4）。这一指导性文件为ESP教学和教材的发展注入了新的活力，明确了发展方向，有望再次成为研究热点。

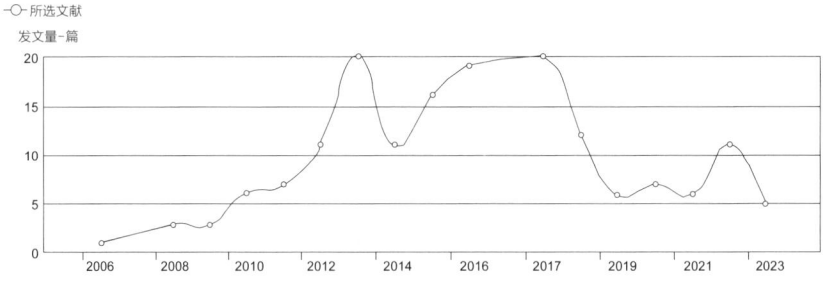

图1 2006-2023年国内ESP教材研究文献年度发文量

3.2 高被引文献分析

为清晰、深入了解被高频引用的ESP教材研究，掌握该领域研究热点和未来趋势，本研究利用CNKI可视化工具对文献被引量进行排序，得到排名前十的期刊论文（见表1）。

高被引期刊论文的研究内容可划分为三个主要方面。第一，ESP教材的定义、发展前景与存在的缺陷。此类论文发表时间普遍较早，具有较高的权威性。研究者引用这些文献旨在明确ESP教材在ESP教学中的重要地位，审视教材存在的问题，并为自己的研究提供研究背景（汤定军，周福娟 2010）。第二，ESP教材的编写原则。这类期刊论文重点探讨"以学习为中心""图式理论"等编写原则，或提出新的本土化编写原则。例如，廖雷朝、蔡基刚2017年提出了ESP教材编写的三大原则：满足特殊需求原则，强调技能和语类知识原则，体现练习真实性原则。研究者引用这些文献，以获取理论支持，优化ESP教材编写的设计理念。第三，特定ESP教材的案例研究。例如，郭剑晶在其2013年的研究中设计了法律专业英语教材评价步骤与量表，为探索教材评价本土标准和提出教材评价方式提供了范例。这项标志性的实证研究，被法律英语、医学英语等专业英语教材研究者广泛引用。

通过分析高被引文献的发表年份，可发现大部分高被引文献的出版时间主要集中在2010年至2014年之间，2013年达到峰值，有四篇高被引期刊论文。在此期间，ESP教材研究迈入高速发展阶段，研究重点主要集中在ESP教材设计的理论基础和编写原则上。2017年，ESP领域具有显著影响力的学者廖雷朝、蔡基刚所发表的期刊论文引起了广泛关注和引用。他们的研究提出了ESP教材编写的具体原则，并对教材内容及练习设计进行了细致的划分，为ESP教材编写的进一步发展提供了新的指导和方向。由于ESP教材研究进程趋于稳健深化，且文献被引用量受时间的影响，2017年后尚未出现高被引文献。

表1　2006-2023年国内ESP教材研究高被引论文

序号	作者	标题	年份	被引频次
1	蔡基刚	专业英语及其教材对我国高校ESP教学的影响	2013	215
2	王艳	对我国ESP教材编写原则的探讨	2011	167

(续表)

3	高嘉璟	高校专门用途英语教材建设	2009	107
4	杨港、陈坚林	2000年以来高校英语教材研究的现状与思考	2013	66
5	郭燕玲	从"学习中心法"谈ESP教材的任务设置：超越语言使用	2013	42
6	刘辉	图式理论视域下EAP阅读教材材料选用研究	2014	39
7	郭剑晶	法律英语教材评价实践	2013	35
8	汤定军、周福娟	专门用途英语课程教学与教材建设	2010	31
9	沈忆文、朱梅萍	国内专门用途英语教材调研分析	2011	20
10	廖雷朝、蔡基刚	超越GE：高校ESP教材编写原则研究	2017	19

3.3 高频关键词分析

3.3.1 关键词共现、词频和中心性分析

关键词提炼了文章的核心内容和研究领域，通过分析其共现情况和根据某一关键词在该领域研究中反复出现的频率、中心性大小和聚类结果，可识别该领域研究的前沿趋势和热点话题。本研究在CiteSpace软件中选取关键词作为节点，将时间区间设定为1，数据抽取对象限定为Top50，采用Pathfinder剪裁方式，最终生成包含253个节点和565条连线的图谱。为确保图谱的清晰度和可读性，把关键词阈值设定为5，并将低于此阈值的节点进行隐藏处理（见图2）。图谱中各圆圈的大小直观反映了关键词出现的频次，圆圈越大，意味着该关键词在研究者中的关注程度越高，相应地，它所处的区域即为当前的热点领域。通过观察图谱，可以清晰地看到"教材建设""需求分析"和"教材评估"等核心节点呈现出较为密集的网络分布结构。值得注意的是，"教材建设"与"需求分析"之间的联系尤为紧密。这是因为需求分析作为编写ESP教材的基础，对ESP课程的成功与否具有决定性作用（高嘉璟 2009）。此外，"教材评估"节点衍生出了"教材开发""教材编写""教材设计"等高频次关键词，这反映了当前越来越多的学者在教材建设过程中意识到对教材进行系统分析和评价的重要性，并为提升教材质量和使用价值付出努力。

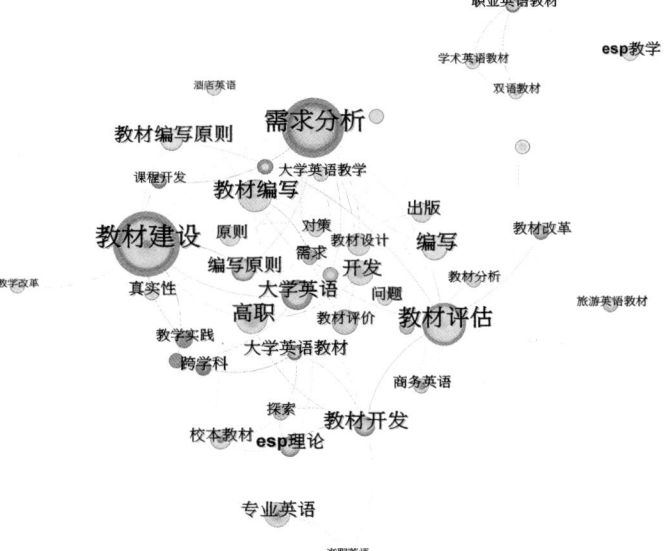

图2 2006-2023年国内ESP教材研究关键词共现图

关键词出现的频次越高、中心性越大，表明该关键词在本领域内的研究热度和关注度越显著。为了更直观了解学科领域研究焦点，在剔除与研究主题重合的无效关键词和意义重复的关键词后，表2列出了文献中关键词频次及中心性排名前十位的关键词。其中，"教材建设"的频次和中心性均为最高，表明ESP教材建设是ESP教材研究的重中之重，是建设高校英语教学的当务之急（栗欣 2017）。同时，其他关键词如"需求分析""教材评估""教材开发""编写原则""ESP理论"和"出版"的频次和中心性也均位列前十，这些关键词揭示了ESP教材研究的焦点集中在教材的编写过程上。"ESP理论"是ESP教材建设理论的基础，"需求分析"是教材编写前的关键步骤，"教材评估"与"出版"是编写后的研究范畴（高嘉璟 2009）。除此之外，在ESP教材研究对象方面，商务英语等大学英语课程受到了研究者的青睐。

表2 2006-2023年国内ESP教材研究关键词频次及中心性统计

按频次排序			按中心性排序		
序号	频次	关键词	序号	中心性	关键词
1	22	教材建设	1	0.53	教材建设
2	18	需求分析	2	0.45	教材评估
3	15	教材评估	3	0.43	需求分析
4	12	教材编写	4	0.30	编写原则
5	8	教材开发	5	0.26	教材设计
6	7	编写原则	6	0.23	教材开发
7	6	大学英语	7	0.21	编写质量
8	5	专业英语	8	0.11	商务英语
9	4	ESP理论	9	0.10	出版
10	4	出版	10	0.09	ESP理论

3.3.2 高频关键词聚类分析

聚类分析可识别ESP教材研究领域有代表性的知识子群，CiteSpace生成的关键词聚类分析结果及关键词聚类表分别如图3和表3所示，共产生8个聚类标签，按照频次排序分别为：教材建设、教材、需求分析、编写、教材评估、教材开发、高职、教材改革。从整体来看，聚类图谱的Q值（网络模块测量值）为0.725（>0.3），表明关键词聚类社区呈现的网络结构较为显著，主题相关联性较高；其S值（聚类平均轮廓值）为0.9003（>0.5），表明该聚类标签之间的研究相似性较高，主题较为集中，聚类结果合理可信。

值得注意的是，8个聚类标签有重复交叉的部分，大致可归为三大矩阵。第一矩阵由教材建设（#0），教材（#1），需求分析（#2），编写（#3），教材评估（#4）和高职（#6）聚类构成，各标签关键词之间的关系较为紧密，说明有关ESP教材建设的研究与需求研究的关联程度较高，且所研究教材学段集中于高职教育阶段。在这个矩阵中，聚类标签#0（教材建设）与其他聚类的交叉程度最高、范围最广，除所交叉的聚类关键词外，其主要关键词还涵盖了编写原则、真实性、大学英语、层次性、商务英语、酒店英语等。编写（#3），教材评估（#4）两个聚类与其他4个聚类的交叉程度相对较低，这主要是工作流程的独立阶段性导致的：教材编写是教材建设的早期阶段，涉及内容创建和设计，而教材评估通常发生在教材编写和使用之后，是效果检验环节，因此在实际操作中，这两个阶段可能与其他研究领域的相关程度较低。同时，这也表明在当前ESP教材研究中，教材开发的编写前期规划与后期评估检验环节之间的有机融合与交互研究尚显不足，对其在整个开发流程中的一体化联动性缺乏深入探讨。第二矩阵由#4和#5构成，主要关注教材的开发与评估，呈现出该领域研究者对ESP教材建设过程的整体思考。第三矩阵涉及教材改革（#7），目前该研究主题与其他热点主题的联系较为松散。综上所述，当前ESP教材研究总体上呈现出多主题交叉的综合发展趋势，体现了ESP教材的研究正逐步从单一的语言教学转向多学科融合的方向。同时，文化、信息技术和英语教材的设计开发相结合也成为了当前研究的一个重要方向，体现了研究者对于学习者文化意识培养的重视，也体现了科技在教材研究中的重要性日益提升。

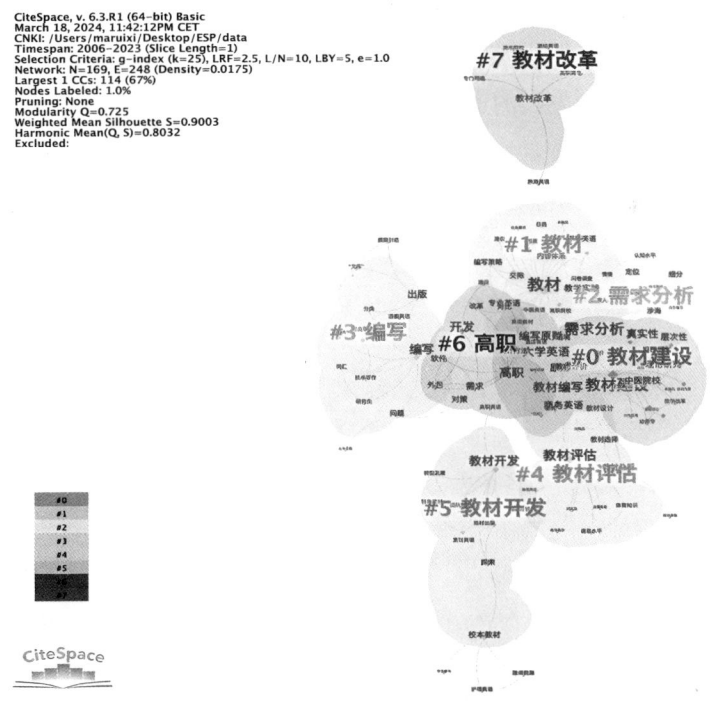

图3 2006-2023年国内ESP教材研究关键词聚类图谱

表3 关键词聚类表

聚类序号	轮廓值	年份	聚类名称	主要关键词（前5）
0	0.969	2014	教材建设	教材建设；大学英语；教材；原则；教材编写
1	0.908	2016	教材	教材；专业英语；编写原则；ESP教材；教材建设
2	0.828	2016	需求分析	需求分析；教材评价；涉海；认知水平；细分
3	0.848	2016	编写	编写；ESP教材；专业语块；编辑和优化；分类
4	0.943	2014	教材评估	教材评估；商务英语；教材分析；《英语导游实务教程》；语言水平
5	0.869	2015	教材开发	教材开发；转型发展；特色教材；微课资源；教材出版
6	0.866	2012	高职	高职；需求；改革；软件；外包
7	0.98	2017	教材改革	教材改革；专门用途；美术院校；ESP；教材

3.3.3 关键词时间线图谱及突现分析

本研究借助CiteSpace软件中的Timeline View功能和Burstness功能，分别绘制了ESP教材研究的关键词时间线图谱（图4）和关键词突现图谱（图5），以清晰直观的方式揭示国内ESP教材研究领域中热点词汇的演变轨迹，反映学科发展的重大转向。

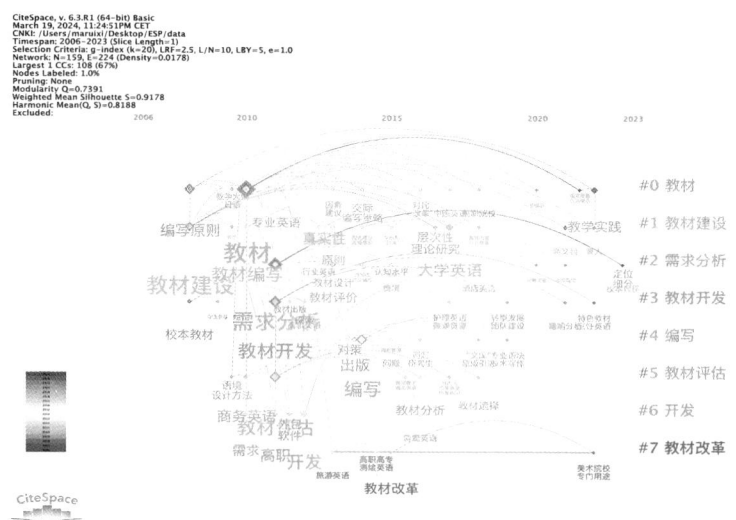

图4 2006-2023年国内ESP教材研究关键词时间线图谱

Top 25 Keywords with the Strongest Citation Bursts

Keywords	Year	Strength	Begin	End	2006 - 2023
专业英语	2008	1.72	2008	2014	
教材建设	2008	1.53	2008	2010	
校本教材	2008	1.29	2008	2009	
实用性	2008	0.82	2008	2013	
教材编写	2010	1.17	2010	2012	
需求	2010	1.12	2010	2012	
高职	2011	1.48	2011	2012	
esp教学	2013	0.86	2013	2016	
问题	2013	0.86	2013	2016	
高职高专	2013	0.82	2013	2015	
教学改革	2013	0.82	2013	2015	
编写	2014	2.19	2014	2016	
对策	2014	1.06	2014	2015	
教材设计	2013	1.12	2016	2017	
开发	2012	0.87	2016	2017	
出版	2014	0.79	2016	2018	
编写原则	2008	1.59	2017	2020	
需求分析理论	2017	0.99	2017	2018	
酒店英语	2017	0.99	2017	2018	
需求分析	2011	1.22	2018	2020	
教材评价	2013	0.81	2018	2019	
教材改革	2015	0.98	2020	2023	
新文科	2021	1.18	2021	2023	
跨学科	2021	1.1	2021	2023	
大学英语	2017	0.77	2021	2023	

图5 2006-2023年国内ESP教材研究关键词突现图谱

其中，时间线图谱试图将相同聚类的文献放在同一水平线，图表由左到右文献时间由远及近，水平线上的节点字体大小表示该聚类研究的重要性，而关键词突现图谱在将阈值设定为0.1的条件下，识别出25个突发性关键词，这些关键词随时间演变，显示出研究热点的动态变化。结合二者，经筛选排除与主题词意义相近的关键词后，整个研究进程可被划分为三个研究阶段。

研究阶段1（2006-2010年）："教材建设""校本教材""实用性"及"教材编写"成为ESP教材领域的研究重点，其中，"实用性"持续时间最久。为了使学生能够掌握与其专业方向相匹配的语言技能，众多高校及高职院校积极实施课程改革，以推动ESP教学的发展。然而，传统的通用ESP教材被普遍认为无法充分展现各地及各高校特色与个性，因此，将ESP教材与校本教材的开发相结合成为该阶段的研究热点（张燕2012）。ESP教材的实用性要求不仅反映了对ESP学习者的需求关注，同时也与校本教材所倡导的"实用为主、够用为度"的指导思想相契合。

研究阶段2（2011-2016年）：关键词的总量增长，更新较快，反映了该领域研究活动的日益活跃和深入。多数关键词的时间跨度为1至2年，显示了学术研究的前沿性和时效性。其中，"高职高专""教学改革"和"对策"等关键词受到了学者的广泛关注。这些关注点的出现，与2008年教育部修订的《高等职业教育英语课程教学要求》密切相关。该文件将高职英语教学划分为基础英语阶段和行业英语阶段，强调了职业性和实践性的教学目标（教育部高等教育司 2008）。高职高专院校积极响应这一教学改革，成为推动ESP教材发展的重要力量，它们致力于选编符合时代需求、教学规律和专业原则的ESP教材，以更好地服务于高职英语的教学实践。在此期间，学者开始关注ESP教材使用者的需求，同时强调从真实性、实用性、情景性等方面对教材加以评价和考量。

研究阶段3（2017-2023年）：伴随跨领域交叉融合的新文科建设，国内ESP研究开始强调跨学科发展。作为新文科建设的重要组成部分，ESP教材研究亦面临新的形势与挑战，需要实现真正意义上的学科交叉融合，发挥其培育创新人才的价值（邓世平 2023）。"编写原则"一词从2008年出现，于该阶段连续三年成为突现词，且研究强度在同时期为最高。这表明，在ESP教学实践历经数年后，其发展困境已经凸显，而ESP教材作为ESP教学的基本要素和主要内容，已成为制约其进一步发展的瓶颈之一，促使研究学者对编写原则进行反思和探讨（李思龙 2017）。ESP教材与教学目标之间仍存在一定程度的脱节，使得需求分析在ESP教材研究中持续占据重要地位。值得注意的是，研究主题也在发生转变，本科高校的相关研究影响力和关注度逐渐超越高职与中职，强调对传统大学英语教学模式进行革新，并推动教材改革。衡量ESP教材的关注点从以往单一的需求理论扩展到层次性理论研究和新文科、教学育人等，这表明该阶段的研究是在上一阶段研究基础上的纵深发展，目前学界的研究呈现以"立德树人"理念为本，注重培养学生的人格素养，将知识技能与育人相结合的研究趋势。同时，ESP教材改革的关注人群从以往的教材使用者扩展到了教材编写团队，表明学界对ESP教材编写和开发涉及专业的复合性和知识的融合性问题，需要不断改革教材编写的团队，以适应新时代英语专业教育和人才培养的需求（郭金秀 2022）。另外，该阶段的教材研究对象逐渐多样化，在以往的商务英语、旅游英语等ESP教材基础之上，扩展到护理英语、烹饪英语、医学英语、酒店英语等，体现了国内ESP教材研究拓展教材涉及领域、更新教材内容、不断与时俱进的趋势。

4. 总结与展望

通过对CNKI数据库2006-2023年ESP教材研究文献的深入分析，本研究得出了以下结论。首先，从研究发表的总体趋势来看，ESP教材研究在国内经历了三个时期：起步探索期（2006-2009）、波动增长期（2010-2017）、放缓深化期（2018-2023）。其次，高被引文献发表时间集中在2010-2014年间，主要分布于三个方面：ESP教材的定义、发展前景与存在的缺陷；ESP教材的编写原则；特定ESP教材的案例研究。再次，通过关键词共现、中心性和频次的分析，以及关键词聚类，发现ESP教材的开发建设、评估标准以及需求分析是研究的几大热点。这些热点之间关联紧密，呈现出错综复杂的网络结构，并衍生出众多次级热点，显示出研究领域的广泛兴趣和深入探讨。相比之下，教材改革与其他热点之间的联系则显得较为松散。最后，ESP教材的研究进程可以分为三个阶段，每个阶段都具有差异性和时代性，反映了当时的政策趋势。2006-2010年ESP教材研究主要集中在"教材建设""校本教材""实用性"和"教材编写"，其中"实用性"受到了最多的关注。2011-2016年研究热点开始涌现，高职高专院校成为研究主体，注重教材评估，并关注ESP学习者的需求。2017-2023年面对新文科建设和跨学科建设的机遇和挑战，ESP教材的研究主题与研究对象更为广泛，衡量标准理论也纵深发展。总体而言，经过近二十年的不懈努力和深入研究，我国ESP教材研究已取得了较大进展，研究领域日益广泛。

未来的ESP教材研究应围绕以下几个方面推进。首先，细化教材编写原则，例如满足特殊需求原则、强调语言技能原则和体现练习真实性原则等编写原则。探索如何在教材编写过程中结合学习者的专业背景和职业发展需求，设计与专业学习和未来岗位紧密相关的任务和实训活动，切实增强学习者将理论知识转化为实践应用的能力。同时，注重语言技能的提升，避免过度专业化的倾向，系统学习语言技能知识，培养学习者学术性文本的撰写能力，为其职业生涯的稳步发展及学术研究的深入探索奠定坚实基础。其次，跨学科融合发展。在"新文科"背景下，教材应顺应教育改革的要求，注重跨学科的建设方向。教材内容应进一步优化创新，融合专业知识和语言知识，提高学生的实际应用能力，同时通过多模态、立体化资源深化学生的认知体验。例如，使用MOOC、微课等新兴教育资源弥补ESP教学时空上的不足，提供更加丰富和灵活的学习资源。在理论研究的层面上，可以将社会学、心理学等相关学科的理论与ESP教材研究有机融合，进一步推动理论研究的发展和创新。再次，国际化与本土化相结合。充分汲取国际上成功的ESP教材案例和学术著作的精华，并结合本国学生的实际情况和专业背景，进行本土化的改造和创新，促进更加丰富多元的ESP教材研究、开发与出版。最后，教材的评估、更新与优化至关重要。应当制定出一套系统而有效的评估标准和反馈机制，用以衡量学生在专业学科知识及语言技能方面的学习成效。ESP教材需依据学科新进展和教学实践的反馈，持续对内容进行调整和改进，以确保教材的时效性和适用性。

参考文献

[1] Utami D N. Evaluating the communicative materials on ESP book entitled English for international tourism [J]. *Language Circle Journal of Language and Literature*, 2019, 14(1): 45-58.

[2] 安晓灿, 周龙. 与时俱进, 深化高等职业教育英语课程教学改革——《高等职业教育英语课程教学要求》研究报告[J]. 中国外语, 2010, 7(4): 4-7.

[3] 邓世平. 新文科与课程思政视域下理工类ESP教材编写：原则、现状与路径 [J]. 外语教材研究, 2023, (0): 24-43.

[4] 高嘉璟. 高校专门用途英语教材建设[J]. 外语界, 2009, (6): 84-90.

[5] 郭剑晶. 法律英语教材评价实践[J]. 外语教学理论与实践, 2013, (4): 41-44, 94-95.

[6] 郭金秀.新文科背景下英语专业ESP教材建设研究[J].现代英语,2022,(19):81-84.
[7] 黄玉华.国内外高校ESP教学模式综述[J].职业时空,2014,(1):82-84.
[8] 黄渊柏.基于《大学英语教学指南》专门用途英语（ESP）教材发展的研究[J].南宁师范大学学报（哲学社会科学版）,2022,43(1):74-81.
[9] 蒋潇.中外ESP教学研究发展综述[J].科教文汇,2021,(10):171-172,186.
[10] 教育部.新文科研究与改革实践项目指南[Z].北京:高等教育出版社,2021.
[11] 教育部高等教育司.大学英语课程教学要求[M].上海:上海外语教育出版社,2007.
[12] 教育部高等教育司.高等职业教育英语课程教学要求（试行稿）[M].北京:高等教育出版社,2008.
[13] 教育部高等学校大学外语教学指导委员会.大学英语教学指南[Z].北京:高等教育出版社,2017.
[14] 李思龙.大学英语ESP教材编写实践与反思[J].山东外语教学,2017,38(1):55-62.
[15] 栗欣.高校专门用途英语教材建设研究[J].出版发行研究,2017,(4):54-56.
[16] 廖雷朝,蔡基刚.超越GE:高校ESP教材编写原则研究[J].中国外语教育,2017,10(4):17-24,86-87.
[17] 汤定军,周福娟.专门用途英语课程教学与教材建设[J].苏州大学学报（哲学社会科学版）,2010,31(1):91-93.
[18] 王艳.对我国ESP教材编写原则的探讨[J].中国外语,2011,8(2):75-81.
[19] 张惠.国内近五年高职专门用途英语教学实践研究文献综述[J].职业教育研究,2009,(1):20-22.
[20] 张燕.中职英语校本教材开发及教学改革初探[J].职业,2012,(21):74-75.

外语教材研究国际前沿与发展趋势（2013-2023）

杨顺娥

（上海外国语大学 英语学院，上海 200083）

提　要：本文采用文献计量方法，借助CiteSpace对2013-2023年间WoS数据库外语教材研究进行可视化分析，考查该领域的研究前沿和发展趋势。研究发现，外语教材研究国际前沿聚焦理论探讨和实证研究，主要围绕教材与教学的关系、教材编写、教材评估和使用、教材与教师教育及专业发展、数字化教材、语言内容分析、文化内容分析、意识形态和全球胜任力等主题展开，体现出多视角和跨学科特征。其中，外语教材中的文化呈现、性别与语言、图像的关系、全球意识与民族认同、教材使用、教材与教师专业发展、数字教材等应该是未来外语教材研究者值得关注的热点话题和发展趋势。

关键词：外语教材；CiteSpace；可视化；研究前沿；发展趋势

Abstract: Employing a bibliometric method and CiteSpace, the paper visually analyzes research publications related to foreign language teaching materials in the WoS database from 2013 to 2023. Findings indicate that the research in the field has evolved around theoretical exploration and empirical research, focusing on the relationship between foreign language teaching materials and teaching, the compilation, evaluation, and use of teaching materials, the relationship between teaching materials and teachers' education or professional development, digital teaching materials, the analysis of language content and cultural content, ideology and global competence in teaching materials, reflecting multi-perspectives and interdisciplinary features. Topics representing research trends include cultural presentation, the relationship between gender and language or illustrations, global awareness, national identity in foreign language teaching materials, the use of foreign language teaching materials, the relationship between teaching materials and teachers' professional development, and digital teaching materials.

作者简介：杨顺娥，上海外国语大学英语学院2023届博士，研究方向：二语习得。

Key words: foreign language teaching materials; CiteSpace; visualization; research fronts; research trends

1. 引 言

教材在外语教学中的首要地位毋庸置疑。外语教材不仅提供目标语言形式和意义输入，而且还引导文化和思想输入（梅德明 2022），有助于培养学习者语言能力和跨文化交际能力、塑造正确价值观。

对外语教材的最早讨论始于20世纪20年代（Vitta 2021），对外语教材的系统研究始于20世纪90年代（Littlejohn 2022）。此后研究范围逐步扩大，相关研究逐渐增多，成果显著，但对该领域的研究脉络缺乏系统梳理。鉴于国内相关研究要么是对英语教材的国际研究进展综述，要么是对英语教材的国内研究进展综述，且研究方法侧重描述性统计与分析，综述内容聚焦年度发文数量、研究对象、研究方法、文献类别、研究主题等，基于较深入的文献计量学的研究较为缺乏。本文运用CiteSpace的信息可视化技术，对近十年来的外语教材国际研究进展进行系统分析，旨在发现经过近百年的发展，外语教材研究国际前沿和发展趋势如何，以期帮助该领域研究人员厘清学科发展动态和方向，为我国外语教材研究、外语教材建设和外语教学提供参考。

2. 数据来源和研究方法

本研究以WoS数据库核心合集中2013-2023年间国际期刊发表的外语教材研究论文及共被引文献为数据来源，分别以English textbooks, foreign language textbooks, ELT textbooks, English teaching materials, foreign language teaching materials, EFL textbooks等为主题检索词，检索条件为"OR"，文献类型为"articles"，共检索到335篇文献。为了使研究结果更为准确，研究者对这些文献进行了人工阅读筛选，通过删除重复文献、书评、会议综述、广告、报告等与论文数据无关的文献，最终保留相关文献322篇。文献数据包含全文本与引用的参考文献，数据更新时间为2023年12月30日。

本文采用文献计量研究方法，使用CiteSpace 6.3.R1软件进行数据分析，通过共被引文献及聚类分析、关键词共现、关键词时区图梳理当前国际学者针对外语教材所做研究的发展脉络。

3. 结果讨论与分析

3.1 研究前沿热点

可视化分析中，关键词是论文的检索标识，也是表达文献主题的词汇，文献中复现的关键词可代表该领域的研究热点（Li & Chen 2019）。因此，本文运用CiteSpace 6.3.R1软件抽取了2013-2023年外语教材国际研究的关键词并绘制出关键词共现知识图谱（图1）。图中关键词以节点呈现，节点大小表示关键词的频次高低，频次越高，节点越大，表明该节点代表的研究越重要，节点之间的连线代表不同关键词之间的共现关系。

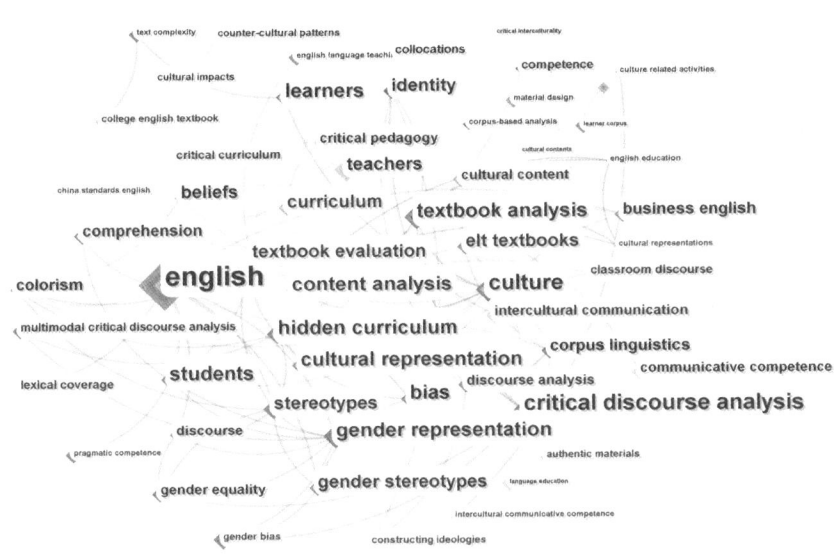

图1 外语教材研究关键词共现知识图谱（2013-2023）

根据图1，除去英语教材、外语教材等检索词，2013-2023年外语教材国际研究中频数最高的前十个关键词依次为：内容分析、文化呈现、教材评估、性别歧视、真实性、语料库语言学、批评话语分析、教材设计、教师发展、交际能力。这些关键词对应图1中较大的节点，代表了近十年外语教材国际研究的热点话题。可见，国外外语教材研究在研究主题方面体现出多元化特征。除了关注如教材设计和教师专业发展等比较宏观的话题外，更侧重教材研究领域的微观话题，如文化呈现、性别歧视、真实性、交际能力等；研究方法上更注重实证研究，如高频词中的内容分析、批评话语分析、语料库分析等，体现了多样性特征。

为了更好地分析外语教材研究的焦点和领域，本文采用聚类方法绘制了外语教材国际研究核心领域知识图谱（图2）。因为聚类分析作为一种探索性数据挖掘方法，可以根据数据相似度将数据分为不同的簇。CiteSpace可以根据文献共被引关系自动抽取施引文献的关键词产生聚类标识，用以归结研究焦点。每个聚类被看作是一个联系紧密的独立研究领域（Li & Chen 2019）。

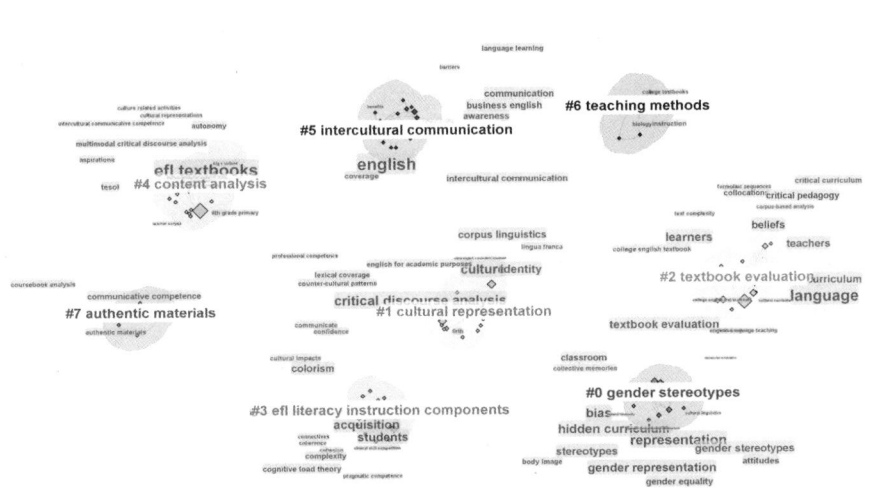

Timespan: 2013–2023 (Slice Length=1)
Selection Criteria: top 50 per slice, LRF=3.0, L/N=10, LBY=5, e=1.0
Network: N=281, E=801 (Density=0.0204)
Nodes Labeled: 1.0%
Pruning: MST
Modularity Q=0.488
Mean Silhouette S=0.8373

图2 外语教材研究聚类知识图谱（2013–2023）

如图2所示，本文共得到八个聚类（聚类#0-7）：gender stereotypes (#0), cultural representation (#1), textbook evaluation (#2), EFL literacy instruction components (#3), content analysis (#4), intercultural communication (#5), teaching methods (#6), authentic materials (#7)。聚类模块值（Modularity，即Q值）为0.488（>0.3），轮廓值（Silhouette，即S值）为0.8373（>0.5），说明聚类节点联系紧密，主题关联度较强，聚类结果具有参考价值。这些聚类信息反映了目前国际上外语教材研究的热点主要集中在教材内容的呈现，教材的使用与评估，教材与教学的关系等方面。相关聚类标签及其详细信息如下（见表1）。

表1 外语教材研究聚类信息（2013-2023）

聚类序号（#）	Size	Silhouette	Top term（LLR）
0	41	0.953	gender stereotypes, gender, hidden curriculum, gender equality, gender bias, gender imbalance, gender inequality, classroom interaction, female, grammatical gender
1	56	0.981	cultural representation, ELT textbooks, discourse analysis, foreign language textbooks, local culture, global citizenship, EFL education, applied linguistics, critical discourse analysis, global culture
2	33	0.93	textbook evaluation, critical pedagogy, critical curriculum, EIL, learner attitudes, global citizenship, diversity, layout and design, evaluation checklists, cultural representation
3	30	0.93	EFL literacy instruction components, second language speaking, mobile learning, generative learning, ubiquitous photography, reading materials, conceptual metaphors, English prepositions, cultural impacts, cognitive linguistics
4	49	0.963	content analysis, collocations, cultural content, intercultural communication, critical discourse analysis, vocabulary, pragmatics, grammar, communicative competence, gender stereotypes
5	46	0.957	intercultural communication, business English, language learning, cultural terms, cultural learning, critical discourse studies, foreign language teaching, linguistic barrier, curriculum development, language learning
6	27	0.83	teaching methods, college textbook, science vocabulary, student learning, intercultural rhetoric, English word-formation, classical elements, foreign language teaching/learning, mooc, communicative competence
7	31	0.87	authentic materials, authenticity, tasks, communicative competence, natural language, genuine instances, language use, texts, fitness, real-life context

可视化分析中，一般将"中心性"作为度量节点在图谱网络中连接作用大小的指标，中心性最高的文献(≥0.1)通常被看作是某领域最具影响力的文献和理论体系建构的转折点（Li & Chen 2019）。如作为中心性最强（=1.06）的文献，Tomlinson（2013）作为教材开发专题研究的标志性著作，从ELT视角讨论了教材开发相关的五个核心问题。本文提取了中心性最高的十篇关键文献（见表2），这些文献代表了外语教材研究领域的核心文献。

表2 中心性最高的前10篇文献及其作者

序号	作者	年份	文献名称	中心性
1	Tomlinson, B.	2013	Developing materials for language teaching	1.06
2	Tomlinson, B.	2016	SLA Research and materials development for language learning	1.01
3	Risager, K.	2018	Representations of the World in Language Textbooks	0.97
4	Norton, J. & Buchanan, H.	2022	The Routledge Handbook of Materials Development for Language Teaching	0.91
5	Tomlinson, B. & Masuhara, H.	2018	The Complete Guide to the Theory and Practice of Materials Development for Language Learning	0.88
6	Vitta, J. P.	2021	The Functions and Features of ELT Textbooks and Textbook Analysis: A Concise Review	0.88
7	Weninger, C. & Kiss, T.	2013	Culture in English as a foreign language (EFL) textbooks: A semiotic approach	0.86
8	Guerrettaz, A. & Johnston, B.	2013	Materials in the classroom ecology	0.86
9	Tomlinson, B.	2013	Applied Linguistics and materials development	0.86
10	Harwood, N.	2021	English Language Teaching Textbooks: Content, Consumption, Production.	0.83

接下来，本文依据关键词共现图谱、关键词聚类知识图谱及其聚类信息、中心性最高的代表性文献，结合对文献的具体内容分析，从理论研究和实证研究两个方面来梳理外语教材研究的国际前沿热点。

3.1.1 理论研究

理论研究聚焦四个方面，涉及宏观理论探讨和微观理论研究。前者聚焦教材开发、教材建设和教材评估，后者聚焦教材设计与编写以及教材分析与评价。该领域研究数量较少，总体呈现出从宏观理论探讨到微观理论研究发展的趋势。

（1）**教材与教学的关系研究**。作为课堂教学的三要素之一，外语教材与教学密切关联。国际学者始终关注教材与教学的关系，从二语习得

（Tomlinson 2016）、符号学（Weninger & Kiss 2013）、生态学（Maley 2016；Tomlinson & Masuhara 2018）、EFL/EIL（Guerra et al. 2022；Nguyen et al. 2021）等不同视角探讨外语教材的不同层面与教育体系、课标、教师、教法、学生、学习、环境等关键要素之间的关系，不同视角关注焦点各有侧重。SLA视角重点关注教材开发是否受到/不受SLA理论的影响以及教材是否反映SLA基本原则等。符号学视角主要关注符号学理论如何应用于教材设计与开发，通过对文化表征、语言、图像等的分析和解读揭示文化的意义和价值。生态学视角强调教材开发是一个包括教材设计、评估、改编、使用、师生、课标、教育体系、文化环境等多要素互动的生态系统。EFL/EIL视角以世界英语和通用英语的理论和研究为依据考查英语教材中的语言和文化。

（2）**教材编写、评估和使用研究**。这类研究从宏观、中观、微观层面阐述教材编写、评估和使用的重要性、理论依据和原则、步骤、主体、影响因素及教材使用策略、教材与教师的动态关系和互动协作（Littlejohn 2022；Maley 2016；Tomlinson 2013；Tomlinson & Masuhara 2018）、教材项目内容的吸引力、可信度、激发兴趣的能力（Tomlinson 2013）等具体话题。现有研究表明，教材编写、评估和使用受到教师认知、教学理念、教学能力及教学经验等相关因素的影响，只有教材与教师的有效互动和动态协作才能促进外语学习。

（3）**教材与教师专业发展研究**。这类研究主要从宏观视角探讨教材编写对教师专业发展的重要作用（Norton & Buchanan 2022）以及教师的专业知识对教材开发与编写的影响（Canniveng & Martinez 2014，转引自徐锦芬 2023），而参与教材开发与编写对教师专业发展如何产生影响的相关研究非常有限。现有研究表明，参与教材编写实践不但可以强化教师对教学法的理解、而且可以提高他们的大纲设计和教材编写方面的专业技能、写作能力、团队精神、自我意识和专业自信等。总之，教材的专业发展离不开教材，参加教材编写，尤其是参与对教材的二次开发能够较好地促进教师的教学信念、专业发展、教材评价以及教材使用效果的提升。

（4）新形态数字教材研究。随着信息技术的发展，技术与教材有机融合，传统教材逐渐向多元化的新形态教材转变。外语教学与信息技术的深度融合催生了数字化教材。现有数字教材研究主要从宏观层面探讨其概念、特征、评价标准及开发原则和方法（Hartle 2022；Mishan 2022）等，对其学术效益鲜有涉及。随着教育数字化转型，外语教学从传统教学方法过渡到新型教学形态。新的教学形态需要依托新形态教材，因为新形态教材具有赋能增效和赋能完善的功能，可以提高学生参与度、促进探究式和个性化学习、提供更全面的学习体验与选择及更灵活的学习方式与评价方式。

外语教材研究的这几个方面紧密联系并相互影响。教材与教学的关系作为教学过程中最重要的关系之一，不仅关注教材内容，还关注教材设计、评估、出版等不同层面与外语教育体系、课标、教师、学生、文化环境等之间的关系。教材编写不仅需要编写理论和原则，还需要了解教材使用者的需求和实际水平。教材使用和评估涉及评估理论和标准、编写理念、教育目标、教学方法，以及使用者的个体差异等。教材与教师专业发展研究不仅关注教材开发与编写对教师专业发展的宏观作用，更要关注教师的实际使用与其专业发展之间的关系。

3.1.2 实证研究

与理论研究相比，国际学者大多通过实证方法考查外语教材。实证研究聚焦教材内容研究、教材评价研究和教材使用研究。教材内容领域的研究涉及教材语言内容研究和教材文化内容研究。前者大致包括三类，一是采用语料库方法分析教材中特定词汇的频率、分布、搭配、语法特征等；二是采用准实验研究方法考查教材中词汇练习的有效性；三是通过人工编码、逐页考查语用知识。此类研究数量较少，只适合小规模调查。后者主要涉及文化呈现、意识形态和社会价值观分析及全球胜任力分析。

（1）**教材语言内容研究**。语言类分析主要涉及词汇、搭配、语法等（Yang & Coxhead 2022）。这些研究侧重特定语言方面的频率和分布，没有考虑相关的元语言信息，大都将教材作为一个整体进行考查，对教材系列中不同卷本之间的发展特征关注不够。另外，研究者也关注真实性问题。真实性概念最早出现在19世纪（Gilmore 2019），研究重点是通过需求分析确保外语教材包含自然语言行为。因为外语教材应"以交际为目的，追求真实。所谓真实，包括目标的真实性、材料的真实性、任务的真实性和交际的真实性"（袁筱一 2023：13）。现有研究主要从宏观视角探讨真实性的内涵和重要性或从微观视角分析语言、任务或话题的真实性（Gilmore 2019；Tomlinson & Masuhara 2018）。研究结果表明外语教材内容与学习者需求之间存在着许多不一致之处，不能为学生提供学习真实语言的充分机会。因此，外语教材研发和编写要考虑情境化、真实性和地域性等核心问题以及学习者的具体需求。

（2）**教材文化内容研究**。这类研究主要涉及文化呈现、意识形态及全球胜任力。虽然也有研究表明部分英语教材关注全球文化，但文化呈现分析普遍发现内圈文化主导教材（Liu *et al.* 2023）。教材中文化呈现的不均衡会影响学生理解多元文化、阻碍其全球文化意识的发展。教材在寻求选材多元化中应体现种族、民族和性别平等，在描述中应具有包容性，以培养学习者的跨文化交际意识和能力。教材中意识形态的相关研究涉及意识形态、性别平等、民族认同等跨文化交际能力的不同方面（Dahmardeh & Kim 2020；Liu *et al.* 2023）。研究发现教材中文化主题属于表层文化，缺乏有助于跨文化交际能力发展的深层文化。这些概念显然超越了仅仅理解目标语文化或将文化纳入教材的范畴。语言教育者应积极鼓励和培养学习者的批判性反思，这意味着学习者不仅要获得跨文化交际能力，而且还要成为具有现代社会政治意识的公民。在日益多元化的世界中，全球胜任力将成为21世纪人才的关键能力。相关研究是在教材中考查全球胜任力的有益尝试，其中，Ping & Wang（2023）构建的分析框架是全球胜任力理论在教材研究中的延伸，也是对英语教材非语言知识进行分析的有效工具。

（3）**教材评价研究**。国际学者自20世纪80年代开始关注外语教材评估（贾蕃 2022），早期研究重点关注外语教材评估原则、评估框架和评估清单。经过几十年的发展，评估研究范围逐步扩大，研究视角逐步从宏观走向微观，评价方式逐步从静态走向动态。既有理论和原则及评价清单探讨，又有具体内容评价。现有教材内容评价主要关注具体课程教材和任务类型（López-Medina 2016）。语言教学理论是教材评价的基础，二语习得和外语教学理论及其相关研究成果应成为制定教材评价标准的基本依据。教材评价需要一套评价标准作为具体情境下开展后续评价的基础，同时应考虑学习者需求和语言学习原则。宏观评价和静态评价不可或缺，但这类评价侧重理论探讨和静态文本，强调既定指标，脱离情境和使用对象。研究者应对教材使用过程、使用效果、学习者感知等多个维度进行价值判断，这样才能使教材更好地服务外语教学。

（4）**教材使用研究**。最早基于课堂直接关注外语教材使用的研究有Canagarajah（1993）和Yakhontova（2001）（Li & Harfitt 2018）。经过几十年的发展，教材使用研究依然匮乏。我们只注意到少数以课堂为基础的研究（Guerrettaz & Johnston 2013；Li & Harfitt 2018）。然而，现有研究主要关注教师对教材的信念和态度、使用策略和影响因素（Matsumoto 2019；2021，转引自徐锦芬 2023）。教材使用效果的考查仍然是一个巨大的瓶颈（Tomlinson 2016）。因此，未来研究应采用科学严谨的方法考查教材使用，因为"外语教材的有效使用决定着教材价值在教育教学中的有效转化"（徐锦芬，刘文波 2023：133）。

综合以上分析发现，国际学者不囿于外语教材本身，而是在更广阔的语境中审视外语教材。从早期的理论探讨发展到如今的大量实证研究，多视角、跨学科成为国际学者外语教材研究的显著特征。现有研究大都采用二语习得、符号学、生态学、ELF、EIL等多种视角展开讨论，从宏观层面关注教材与教学的关系、教材编写、教材评估和使用、教材与教师教育及专业发展的关系及新形态数字教材，中观和微观层面强调教材开发和教材使用。研究前沿主要围绕教材设计、编写、评估、使用等主题展开，涉及语言、文化、意识形态、全球胜任力等多个方面。这表明外语教材是可以从多个视角和多个维度进行探讨的话题、外语教材研究是一个多要素共同参与构建的复杂生态系统。这一过程受到编写者、教师专业能力、教学方法、文化多样性、材料真实性、学习者水平等多个因素的影响。相较而言，大量研究聚焦教材内容分析，教材理论研究略显不足，对教材评价和使用、教材编写与教师专业发展关系及数字化教材关注不够。

3.2 研究发展趋势

为了更清晰地说明外语教材国际研究热点的历时分布和发展趋势，本文采用CiteSpace 6.3.R1软件绘制国外外语教材研究领域的关键词演化时区图（图3）和关键词突现图谱（图4），因为时区图侧重从时间维度反映某领域相关研究中关键词在不同时段的分布和演变过程，突现图谱可以用来预测该领域内的新型发展趋势，从而为未来研究提供参考（Li & Chen 2019）。通过对外语教材研究领域的关键词进行突发性探测，共得到诸如textbook evaluation，material design, intercultural communication, gender representation等25个突现词，表明外语教材研究近十年来呈现出多元化倾向。

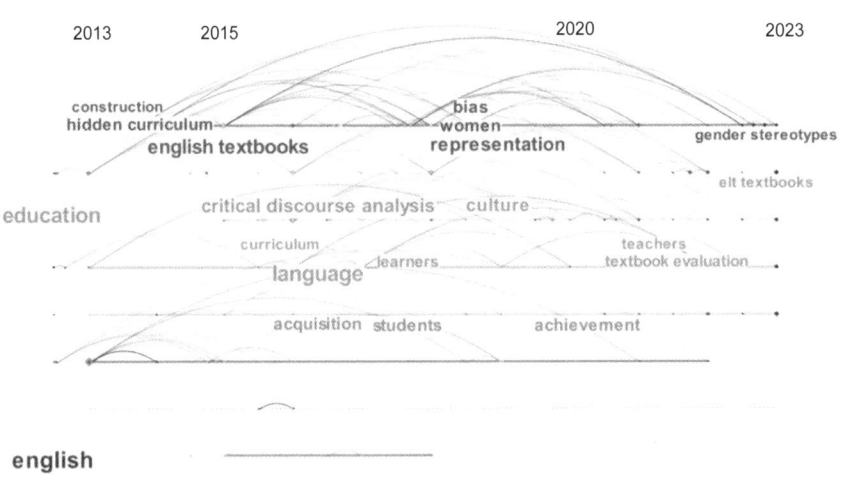

图3 外语教材研究时区图（2013-2023）

Top 25 Keywords with the Strongest Citation Bursts

Keywords	Year	Strength	Begin	End	2013–2023
textbook analysis	2013	1.33	2013	2015	
intercultural communication	2015	1.44	2015	2019	
social semiotics	2015	1.29	2015	2015	
instruction	2016	1.27	2016	2016	
science	2016	1.27	2016	2016	
material design	2016	1.27	2016	2016	
sexism	2017	2.85	2017	2019	
english textbooks	2015	2.71	2017	2019	
learners	2017	1.7	2017	2020	
english language textbooks	2017	1.67	2017	2018	
awareness	2015	1.94	2018	2019	
communicative competence	2015	1.89	2018	2020	
curriculum	2016	1.67	2018	2021	
cultural content	2018	1.41	2018	2019	
gender representation	2019	1.34	2019	2019	
teachers	2020	3.02	2020	2020	
textbook evaluation	2020	1.56	2020	2023	
education	2013	3.05	2021	2023	
culture	2018	2.04	2021	2023	
elt textbooks	2021	1.69	2021	2023	
representation	2018	1.37	2021	2021	
critical discourse analysis (cda)	2018	1.28	2021	2021	
gender	2022	1.67	2022	2023	
elf	2022	1.67	2022	2023	
world	2022	1.67	2022	2023	

图4 外语教材研究关键词突现图谱（2013–2023）

依据关键词时区图谱和突现图谱并结合对文献的梳理，近十年来外语教材研究领域形成了七大主题，且各类主题研究热点不断变化并逐步聚焦。总体而言，近十年间该领域的研究大致可分为三个阶段。

第一阶段（2013–2015）主要聚焦教材在课堂教学生态中的重要地位和作用、教材建设、教材编写、教材中的语言内容分析，包括词汇、语法、语用、文本复杂度等、教材中的文化呈现，主要涉及内圈文化、外圈文化、全球文化、本土文化等方面、教材对学习者跨文化意识、技能、策略、交际能力等的培养、语篇分析、文化教学法、批判教学法等。研究视角主要包括批判性多元文化视角、系统功能语言学视角、符号学视角。

第二阶段（2015-2020）主要侧重批判性分析教材中的文化和价值观呈现、教材设计、教材改编、教材评价、跨文化交际策略、教材对学习者元认知能力、批判性思维的培养、在线教材的编写和使用、文化多样性、材料、话题和任务的真实性、教材使用等。相较第一阶段，第二阶段的研究逐步超越对教材内容本身的考查，而是更多关注元认知能力、批判性思维、真实性、文化多样性等主题，研究主题更加广泛、研究视角和研究方法也更加丰富。除了第一阶段提到的视角外，还涉及二语习得视角、物质主义视角、生态学视角等。

第三阶段（2020-2023）主要突出教材与教师教育及其专业发展的关系、教材中的性别表征问题，包括性别刻板印象、性别偏见和性别歧视、意识形态和价值观、全球胜任力、教材设计、教材改编、教材使用策略和影响因素、数字教材、移动学习等方面的考查。该阶段的一个突出特点是，随着新自由主义在应用语言学和外语教学领域持续受到关注，已有研究者从ELF和EIL视角强调教材开发和编写应尽量避免意识形态方面的偏见。尽管对外语教材中的文化知识和价值观的考查因研究者教育背景及研究视角的不同而有所差异，但相关研究均强调了教材中需要的多元文化呈现和已有的特定文化主导之间的矛盾。

可见，近十年来国际学者针对外语教材的研究话题丰富，热点凸显，基本涵盖了教材研究领域的所有核心话题，包括教材开发、编写、评估、使用以及教师专业发展等。研究热点在不同时段的历时分布和发展趋势方面虽各有侧重，研究视角也略有不同，但总体呈现出以下特征：研究范围逐步扩大，主题越发聚焦；研究视角广泛、研究方法多样，基本采用语料库分析、内容分析、批评话语分析、符号学分析等重要的外语教材分析方法；始终关注教材与教学的关系、教材编写、评估及使用、文化呈现和跨文化交际能力；始终强调文化多样性、跨文化意识和跨文化技能等；最近几年更是强调了批判性教学法、批判性思维、性别与语言的关系、意识形态、全球公民培养以及移动学习。外语教材中的文化呈现、性别与语言、图片的关系、全球意识与民族认同、教材使用、教材与教师专业发展、数字教材等应该是未来外语教材的研究热点和发展趋势。因为这些话题不仅体现了教材与教学的关系、教材与教师的关系，更体现了教材与人才培养以及与更广泛的社会和世界的关系。尤其是外语教材中的性别建构会对学习者的性别身份认同产生重要影响。现有研究表明外语教材中普遍存在性别刻板印象、性别歧视和性别偏见问题，这些问题必然与社会角色分配和社会安全等密切相关。同时，外语教材中的意识形态和价值观对学习者学习和理解教材内容本身、价值观形成、思维品质塑造、全球意识培养、关键能力提升等方面都具有很重要的导向作用。

4. 研究展望

综合以上分析，国际学者针对外语教材所做的研究发展迅速，取得了大量研究成果，但仍有较大的探究空间。未来研究可从以下几方面着手。

4.1 构建外语教材理论体系

教材理论研究包括宏观、中观、微观层面，"不仅应关注教材的性质与特征、教材编写的指导思想、理论和实践依据，还应研究教材编写的组织实施过程以及教材使用的情况"（束定芳 2023：20）。教材编写研究有助于了解教材为何如此编写。然而，教材编写领域的理论通常不够充分。此外，由于教材多年来一直没有得到系统的研究，教材使用研究缺乏理论化。现有教材理论研究主要从二语习得理论和原则出发构建如何编写和评估教材的理论和原则，缺乏对选材本身以及使用效果的研究。未来研究应从教材编写理念和原则、教材编写与教师专业发展、新时代教育生态中国家、学校及个人的发展需求、教材评估及使用等方面系统性构建教材理论体系。

4.2 加强教材使用研究

教材使用是教材建设的终极目的，是衔接教材开发、教材评估和分析的中心环节（徐锦芬，刘文波 2023）。最早基于课堂直接关注外语教材使用的研究较为缺乏。经过几十年的发展，教材使用研究依然匮乏。

现有研究大多从宏观视角探讨教材使用的重要性，而教师实际如何使用教材一直是一个研究不足的领域（Tomlinson & Masuhara 2018）。另外，大多研究仅采用问卷调查和跟踪访谈的方法。未来研究需更多采用历时研究范式，立足课堂分析教材使用过程及其对其他课堂要素的影响，在更广阔的环境下探究情境中和使用中的教材。

4.3 加强数字化教材研究

技术进步推动了教育数字化的快速发展。数字教材已成为科技教育的重要组成部分。互动媒体、在线学习工具和大规模开放在线课程等教育创新的显著增长加速了数字教育技术的应用，提高了数字教育服务需求。因此，研究者（如束定芳 2023）呼吁充分利用新技术优势，探索数字教材建设。尽管政策制定者、教学机构和出版商对使用数字教材有着广泛的兴趣，但现有数字教材研究主要从宏观层面探讨其概念、特点、不同数字教材之间的差异性，对数字教材与教学和学习收益之间的关系关注非常有限。因此，未来研究需要更多关注数字教材的实际学术收益。

4.4 加强教材开发与教师发展研究

教材开发是理论性和实践性的统一，既有操作性又有学术性（Tomlinson 2022）。虽然Tomlinson早已提出教材开发可以有效提升教师的专业发展，因为"合作开发教材是参编者获得理论和实践意识最好的方式之一"（Tomlinson 2003：539），但目前教材与教师发展相关的研究主要从宏观层面探讨教材开发和编写对教师专业发展的重要性以及教师的专业知识对教材开发与编写的影响，而参与教材开发与编写实践对教师专业发展如何产生影响这一领域尚未引起学界重视，相关研究非常有限。未来研究应更多关注教材开发与编写过程与教师专业发展之间的动态关系。

5. 结　语

教材是立德树人的重要载体，是联动课堂教学、课程建设、教师发展的基本遵循和依托，对教学质量和人才培养产生重要影响，高质量的教材是落实培根铸魂、启智增慧、培养高素质人才的重要保证。外语教材承载着意识形态和价值观，除了提供必需的语言形式与意义的输入之外，外语教材还为学习者提供文化输入和思想输入，有助于培养外语学习者的正确价值观、必备品格和关键能力。特别是，外语教材建设不仅是教师专业发展的重要途径，而且还具有服务国家安全的重要使命。作为课堂教学的三大核心要素之一，外语教材在外语教学中的重要性不言而喻。因此，外语教材建设应以思政引领为魂，新质理念为经、数智元素为纬，以进一步强化外语教材在培养国际化人才中的价值引领作用。本文从研究前沿和研究热点及其发展趋势两个方面对外语教材近十年来的研究发展状况进行了详细梳理和分析，基于研究发现并结合新时代外语教材建设新使命及国家发展战略新需求，从理论体系构建到相关实证研究方面提出对未来研究的展望，以期推动我国外语教材研究的纵深发展，促进更多外语教材研究的成果产出与转化，为我国外语教材建设及外语教学提供有益参考。

参考文献

[1] Dahmardeh M & Kim S-D. Gender representation in Iranian English language coursebooks [J]. *English Today*, 2020, 36 (1): 12–22.

[2] Gilmore A. Materials and authenticity in language teaching [A]. In Walsh S and Mann S (eds.). *The Routledge Handbook of English Language Teacher Education* [C]. Oxon: Routledge, 2019. 299–318.

[3] Guerra L, Cavalheiro L, Pereira R *et al*. Representations of the English as a lingua franca framework: Identifying ELF aware activities in Portuguese and Turkish coursebooks [J]. *RELC Journal*, 2022, 53 (1): 134–150.

[4] Guerrettaz A M & Johnston B. Materials in the classroom ecology [J]. *The Modern Language Journal*, 2013, 97 (3): 779–796.

[5] Hartle S. Developing blended learning materials[A]. In Norton J & Buchanan H (eds.). *The Routledge Handbook of Materials Development for Language Teaching*. New York: Routledge, 2022. 399–413.

[6] Li J & Chen C M. *CiteSpace: Text Mining and Visualization in Scientific Literature* [M]. Beijing: Capital University of Economics and Business Press, 2019.

[7] Li Z & Harfitt G. Understanding language teachers' enactment of content through the use of centralized curriculum materials [J]. *Asia-Pacific Journal of Teacher Education,* 2018, (5): 461–477.

[8] Littlejohn A. The analysis and evaluation of language teaching materials [A]. In Norton J & Buchanan H (eds.). *The Routledge Handbook of Materials Development for Language Teaching* [C]. New York: Routledge, 2022. 263–276.

[9] Liu Y H, May S & Zhang L J. The ideological underpinnings in university English textbooks in China: A critical discourse analysis and corpus linguistics approach [J]. *Journal of Multilingual and Multicultural Development,* 2023, 45 (10): 4448–4467.

[10] López-Medina B. Developing a CLIL textbook evaluation checklist [J]. *LACLIL,* 2016, 9 (1): 159–173.

[11] Maley A. Principles and procedures in materials development [A]. In Azarnoosh M *et al.* (eds.). *Issues in Materials Development* [C]. Boston: Sense Publishers, 2016. 11–29.

[12] Mishan F. Language learning materials in the digital era [A]. In Norton J & Buchanan H (eds.). *The Routledge Handbook of Materials Development for Language Teaching* [C]. New York: Routledge, 2022. 17–29.

[13] Nguyen T T M, Marlina R & Cao T H P. How well do ELT textbooks prepare students to use English in global contexts? An evaluation of the Vietnamese English textbooks from an English as an international language (EIL) perspective [J]. *Asian Englishes,* 2021, 23 (2): 184–200.

[14] Norton J & Buchanan H (eds.). *The Routledge Handbook of Materials Development for Language Teaching.* New York: Routledge, 2022.

[15] Ping X M & Wang J Y. A study on the representation of global competence in English textbooks for higher vocational education in China [J]. *SAGE Open,* 2023, 13: 1–20.

[16] Tomlinson B. *Developing Materials for Language Teaching* [M]. London: Bloomsbury, 2003.

[17] Tomlinson B. Materials evaluation [A]. In Tomlinson B (ed.). *Developing Materials for Language Teaching* (2nd Ed.) [C]. London: Bloomsbury, 2013. 21–48.

[18] Tomlinson B. *Developing Materials for Language Teaching* (2nd Ed.) [M]. London: Bloomsbury, 2013.

[19] Tomlinson B. *SLA Research and Materials Development for Language Learning* [M]. London: Bloomsbury, 2016.

[20] Tomlinson B. The discipline of materials development [A]. In Norton J & Buchanan H (eds.). *The Routledge Handbook of Materials Development for Language Teaching* [C]. London: Routledge, 2022. 3–16.

[21] Tomlinson B & Masuhara H. *The Complete Guide to the Theory and Practice of Materials Development for Language Learning* [M]. Hoboken: John Wiley & Sons, 2018.

[22] Vitta J P. The functions and features of ELT textbooks and textbook analysis: A concise review [J]. *RELC Journal,* 2021, 54 (3): 856–863.

[23] Weninger C & Kiss T. Culture in English as a foreign language (EFL) textbooks: A semiotic approach [J]. *TESOL Quarterly,* 2013, 47 (4): 694–716.

[24] Yang L & Coxhead A. A corpus-based study of vocabulary in the new concept English textbook series [J]. *RELC Journal,* 2022, (3): 597–611.

[25] 贾蕃. 中国外语教材评估研究30年（1990–2020）[J]. 当代外语研究，2022，(1)：83-92.

[26] 梅德明. 培根铸魂、启智增慧：编写新时代高质量英语精品教材[J]. 外语教材研究，2022，(0)：44-59.

[27] 束定芳. 教育生态理论视角下的中国外语教材理论体系构建[J]. 外国语，2023，(6)：20-31.

[28] 徐锦芬. 外语教材建设：教师专业发展新途径[J]. 外国语，2023，(6)：12-19.

[29] 徐锦芬，刘文波. 外语教材使用：分析框架与研究主题[J]. 现代外语，2023，(1)：132-142.

[30] 袁筱一. 新文科、课程思政与外语教材建设的新问题[J]. 外语教材建设研究，2023，(0)：12-23.

| 学术会议通讯

首届全国大中小学外语教材建设与研究高端论坛综述

上海外国语大学外语教材研究院

2024年9月20日–22日，"首届全国大中小学外语教材建设与研究高端论坛"在上海外国语大学顺利召开。本次论坛由上海外国语大学大中小学外语国家教材建设重点研究基地、上海外国语大学外语教材研究院主办，中国高校外语学科发展联盟课程与教材建设委员会、上海外语教育出版社、《外国语》《外语界》《外语教材研究》等协办。本次论坛的主题是"外语教材建设与研究新路径"。会议期间，两百多位来自全国各地的专家学者、研究人员、教师教育者、大中小学教师、硕博士研究生，围绕论坛主题分享观点、交流经验，为我国外语教材建设提出了新思路、指出了新方向、探索了新路径。

开幕式由上海外国语大学查明建教授主持。上海外国语大学党委书记尹冬梅出席开幕式并发表讲话。她指出，外语教材建设意义重大，如何使之顺应历史发展，与时俱进，引领学科发展，发挥育人作用，是值得我们寻求创新和突破的重要课题。

教育部教材局课程规划处副处长、一级调研员陈亚伟应邀代表教材局参会并在开幕式发表讲话。他对上海外国语大学大中小学外语国家教材建设重点研究基地的工作予以高度肯定，并建议外语教材研究者针对当前外语教材存在的问题，着重对教材建设规律、教学规律以及数字化教材建设等方面进行更加深入的研究和探索。

国家教材委员会外语学科专家委员会主任、北京外国语大学文秋芳教授，四川外国语大学校长、国家教材委高校哲学社会科学（马工程）专家委员会学科组成员董洪川教授，国家教材委员会专家委员会委员、上海外国语大学梅德明教授，教育部高等学校大学外语教学指导委员会副主任委员、上海外国语大学大中小学外语国家教材建设重点研究基地首席专家束定芳教授应邀在论坛发表主旨报告。

文秋芳教授在主旨报告中介绍了AI赋能外语教材编写的实践经验，并就当前AI赋能教材编写的关键任务、人工编写者与AI的关系、如何与AI协同参与教材编写等问题展开了深入分析。她指出，实践表明AI不仅能有效缩短编写周期，还能提升编写质量，但人工编写者始终是教材编写的创建者和决策者，领导AI协作开展教材编写。

董洪川教授在主旨报告中回顾了"新文科"的内涵与外语教育变革的目标及要求，探讨了新文科建设背景下外语专业的创新发展与教材建设的路径。他提出，高校外语专业教材要考虑不同学段之间的"衔接性"和"一体化"问题，并着重考虑新文科背景下外语专业人才培养目标，同时，不应违背不同领域教材的知识系统性和逻辑自洽性。

梅德明教授的主旨报告题为"外语教材建设与评价标准"，报告立足两个大局和立德树人根本任务，遵循"培根铸魂、启智增慧"的教材建设要求，依据国家课程标准，从外语教材的育人导向、内容选择、单元设计、学习引导和编印规范五个方面，讨论了高质量英语教材的编写与评价。

束定芳教授的主旨报告聚焦大学英语课程定位与新形态教材建设，提出大学英语课程应该服务国际化人才培养目标，新的大学英语教材的研发必须基于真实的社会需求、学生发展需求，为"四新"服务。同时，新形态教材的编写要充分利用人工智能技术，满足不同专业、不同英语基础和学习目标的需求。

四场主旨报告紧扣当前科学技术革新、学科理念革新、育人模式革新的大背景，视角广泛、案例丰富，发言有高度、有深度、有温度。

本次论坛的四个专题论坛同样亮点纷呈。来自国家教材委员会外语学科专家委员会、教育部高等学校外语专业教学指导委员会、大学外语教学指导委员会、教育部基础教育教学指导专业委员会、中国人工智能学会智能教育技术专业委员会、省市教师教育学院或教育研究院、大中小学校等单位的17位外语教育与教材研究专家学者参加，围绕新形势下我国外语教育改革和教材建设的热点议题深入研讨，在观点碰撞中，凝聚共识。

上海外国语大学查明建教授、西安外国语大学姜亚军教授、澳门大学李德凤教授、华东师范大学袁筱一教授等参加了第一场专题研讨，共同探讨外语类专业学科发展新动态与教材建设研究。专题研讨一由北京师范大学程晓堂教授主持。

北京师范大学程晓堂教授、北京外国语大学杨鲁新教授、上海市教师教育研究院汤青正高级教师、广东省教育研究院罗永华正高级教师等参加了第二场专题研讨，就新课标背景下的新课程新教材的实施展开了热烈的探讨。专题研讨二由大连外国语大学邓耀臣教授主持。

湖南大学刘正光教授、扬州大学俞洪亮教授、上海外国语大学束定芳教授、上海交通大学常辉教授等参加了第三场专题研讨，围绕服务学科交叉融合的"四新"外语教材建设这一主题交流观点并提出建议。专题研讨三由西安外国语大学姜亚军教授主持。

广东外语外贸大学刘建达教授、华东师范大学陈向东教授、上海外国语大学金慧教授、华南师范大学金檀教授、上海杉达学院冯豫副教授等参加了第四场专题研讨，从智能技术的融合应用、协同式学习模式、跨文化的视角等多方面探讨新形态外语教材建设路径。专题研讨四由湖南大学刘正光教授主持。

此外，六场平行论坛话题广泛、讨论深入。与会者的分享聚焦外语教材内容、编写、使用、评价研究等多个层面，涉及教师发展、课程思政、文化呈现、学科教研、新技术融入等多项议题。上海外国语大学王雪梅教授在对六场平行论坛的总结中表示，论坛发言的研究视角、研究对象、研究内容和研究方法多样，从宏观到微观，从理论到实践，兼顾创新性与启发性。论坛点评专家鞭辟入里，为发言者提供了建设性的反馈意见，这样的沟通交流，为参会者提供了丰富的理论启发和研究指导，大家纷纷表示收获颇丰。

论坛上发布了"上海外国语大学外语教材研究院2024年外语教材研究项目"立项名单。上海外国语大学陈坚林教授在对立项情况的分析和点评中，肯定了今年申报课题的总体水平，同时指出了项目申报中存在的共性问题，如研究问题太宽泛、理论使用不当、概念堆砌及混淆等。

陈教授认为，能够立项的课题申报书所呈现的特点为文献积累充分、对象具体贴切、内容充实可控、目标制定合理、研究思路清晰、研究方法得当、团队优秀突出。

在闭幕式上，上海外语教育出版社谢宇副编审作大会总结。谢宇副编审表示，本次论坛凝聚了各方智慧，从多维度、综合与交叉视角，深度探讨了我国外语教材建设与研究面临的核心议题，分享了最新外语教材研究成果，指出了新时代外语教材建设与研究的新路径，必将有力地推动中国特色外语教材建设理论体系构建，共创中国外语教材创新发展局面，推动外语教育高质量发展。

《外语教材研究》征稿启事

上海外国语大学外语教材研究院成立于2019年，旨在凝聚国内外语学科多语种、跨学科的教材研究专业力量，搭建基础教育、职业教育、高等教育等外语教材建设的学术研究平台，推动外语教材理论体系建设和外语教材质量的提升。

为更好地总结和推广国内外外语教育专家在外语教材建设和研究方面的成果，为国内外语教材建设和研究提供可资借鉴的资源和素材，上海外国语大学大中小学外语国家教材建设重点研究基地、上海外国语大学教材研究院推出《外语教材研究》，下设外语教材理论研究、外语教材建设研究、外语教材使用研究、外语教材比较研究、外语教材发展研究等栏目；研究范围包含基础教育、职业教育和高等教育教材，英语或其他语种教材均可。

本刊每年出版两辑，目前全文已被收录入中国知网、万方、国家哲学社会科学文献中心等数据库。热忱欢迎全国外语教材研究者投稿。

一、来稿要求

1. 来稿力求精炼，论文以8000-10000字为宜，重点稿件可到12000字。
2. 来稿请按照中英文标题、中英文摘要、中英文关键词、正文、注释、参考文献顺序撰写，用Word软件处理和打印。
3. 请另页写明作者基本信息，包括姓名、工作单位、学位或职称、研究方向、最新主要成果、通讯地址等。
4. 稿件体例请参阅《外语教材研究》稿件格式要求（下载地址：http://ilmd.shisu.edu.cn/）。

二、来稿处理

1. 稿件文责自负，来稿请勿一稿多投。编辑可对拟用稿件作必要的修改或删节，不同意者请在来稿中事先声明。
2. 本刊按国际学术界通行做法实行同行专家匿名审稿，投稿4个月未获本刊录用通知，作者可另行处理。来稿恕不退还，请自留底稿。
3. 稿件一经发表即致稿酬，并赠当期《外语教材研究》两本。
4. 本刊已入编知网《中国学术辑刊全文数据库》《万方数据知识服务平台》《国家哲学社会科学学术期刊数据库》《国家哲学社会科学文献中心》等系列数据库，其收录论文作者著作权使用费与本刊稿费一次给付。如作者不同意论文编入数据库及网络出版，请在来稿时声明，本刊将另行处理。

三、编辑部联系方式

地　　址：上海市虹口区大连西路558号611室 上海外国语大学外语教材研究院《外语教材研究》编辑部 收

邮　　编：200083

投稿邮箱：ilmd@shisu.edu.cn

联系电话：021-55385320　021-55396203